LE
COMPOST MANVEL
CALENDIER, ET ALMANACH
PERPETVEL.

Recueilli & reformé selon le retranchement des dix iours.

AVEC
La Declinaison du Soleil reformée, vn Abbregé de
la Sphere, & autres choses appartenantes à
la Nauigation:

Principalement pour la Longitude de l'Est & Ouest.

Reueu, corrigé & augmenté, outre les precedentes Impressions.

Par I. DE SEVILLE, dit le Soucy, Medecin
Mathematicien.

Dedié à Monseigneur le premier President de Roüen.

en Nauires: ceux-là voyent

A ROVEN,
Chez THEODORE REINSART, deuant
le Palais, à l'Homme armé.

M. VI. C. IIII.

PREFACE.

'E st vne grande & manifeste vtilité que d'auoir vne certaine raison
de l'an. Car quelle confusion seroit
ce des negoces, contracts, accords
& iugemens, & quelles tenebres s'il
ny auoit aucune distinction des
ans & des mois. Combien grande obscurité y auroit-il
aux histoires si le denombrement des ans estoit osté.
On ne pourroit excogiter ny trouuer le commencement du monde, ny discerner les commencemens des
religions, ny distinguer les mutations des Empires. Il est
donc manifeste que la cognoissance de ces choses est
necessaire à la Religion, & a beaucoup d'autres parties
de la vie. Parquoy ie ne puis assez admirer l'ingratitude
de plusieurs, où plustost peruersité qui blasment & vi-
tuperent la doctrine des mouuemens celestes, & description de l'an. En fin la grandeur de l'vtilité & les iugemens des tres-sages Princes & des hommes tres-doctes,
lesquels auec grande diligence ont ordonné l'an, doi-
uent inciter les ignorans, afin que d'oreilles & d'esprit
ils abhorrent ces tressots & villains conuices & iniures
lesquelles sont dites contre les bonnes sciences, & arts,
principalement des astres qui nous ont esté demon-

ſtrees diuinement. Car nous voyons icelles auoir eſté
en ſoin & cure aux Princes treſloüables, afin de deſcri-
re l'an treſ-exactemét & que l'on peuſt diſcerner les téps
& dreſſer & conſeruer la memoire des choſes. Pourtant
Solon ordonna l'an à Athenes ayant conſtitué & ordonné les notes & marques des equinoxes ſelon le iugement de Thalés. Ceſte raiſon deux cens ans apres a
eſté corrigee par Eudoxe lequel a eſté du meſme temps
de Platon. Mais à bon droit dans le poëte Lucain Cæſar
ſe glorifie que par ſon an les Faſtes d'Eudoxe ſont ſur-
montees. Car y ayant diuerſes raiſons de l'an: aſſauoir
celle d'Egypte, de Grece, & d'Arabie, Cæſar ayant prins
conſeil de Soſigene il en excogita vne nouuelle beaucoup plus commode que les autres. Car les mois des
Egyptiens ont eu chacun trente iours, & tous les ans y
ont adiouſté cinq Epactes ou cinq iours de ſurcroiſt, &
n'y a point eu certaine raiſon d'intercalation ny certain
commencement de l'an. Les mois de l'an Grec con-
uiennent à la Lune ſans certain nombre de iours, & y
ont adiouſté vnze iours de ſurcroiſt deſquels ils ont re-
cueilly l'an Emboliſme.

La raiſon Arabique a eſté plus docte que ces deux,
car les mois Arabiques variét l'vn apres l'autre, de ſorte
que le premier à vingtneuf iours, & le ſuyuant trente.
En apres y ont eſté adiouſtees vnze Epactes, ou vnze
iours de ſurcroiſt deſquels ils recueilloyent l'Emboliſme.

Or Cæſar voyant qu'en toutes ces deſcriptions il y
auoit non ſeulement vne incertitude incommode aux
negoces (car les meſmes mois commençoyent aux vns
en vne ſorte, & aux autres en l'autre) mais auſſi les equi-

noxes estoyent par trop lubriques & incertains. Parquoy afin que les commencemens de l'an & des mois
fuſſent certains, & le iour de l'Equinoxe fuſt en telle
ſorte continué, qu'il varieroit bien peu par beaucoup
de ſiecles, il inſtitua telle forme d'an, de laquelle nous
vſons encores, & lequel a eſté aucunement corrigé par
le retranchement des dix iours en vne annee. Deſpriſe-
rons nous ceſte diligence en ces grands perſonnages,
ou l'eſtimerons nous entrepriſe par vne vaine curioſité
ſans grande cauſe? Ces raiſons ou d'Egypte, ou de Grece, ou d'Arabie, ou de Rome ne pouuoyent eſtre ſup-
putees ſans vne grande cognoiſſance des mouuemens
celeſtes. Certes ie ne doute point qu'il ne ſoit aduenu
par vn ſingulier conſeil de Dieu, qu'au commencemét
du monde les premiers Peres n'ayent diligemment an-
notté les ans, aſſauoir afin que la poſterité peuſt excogiter en arriere le commencement du monde & nombrer ces briefs eſpaces là dauantage, afin que la difference des Religions peuſt eſtre conſideree, & l'ordre des
promeſſes celeſtes, & des hiſtoires peuſt eſtre tenu. Si
quelqu'vn eſtime ces cauſes eſtre peu graues & ſuffiſan-
tes, n'eſt il pas de penſee bien dure & hebetee. Confeſ-
ſons donques que les premiers Peres leſquels ont ex-
cellé de Sapience & de Pieté ont eſté incitez diuinemét
à obſeruer & nous bailler la diſtinction des ans. Et toutesfois l'an n'a peu eſtre enclos dans les bornes des
Equinoxes & eſtre bien deſcrit ſans la cognoiſſance
des mouuemens celeſtes. Parquoy il eſt neceſſaire qu'i-
ceux ayent eſté ſtudieux de toute la doctrine des mouuemens celeſtes. Qu'elle eſt donques l'arrogance non
ſeulement des autres grands perſonnages, mais auſſi de

quelques premiers Peres qui ont esté Ducs au genre hu-
main & monstreurs de vraye Religion & de vraye Sapience de mespriser les choses inuentees? Pourtant que
les adolescens studieux aymét ceste doctrine des mouuemens celestes,& qu'ils la iugét vtile à la vie,tant pour
la description de l'an, que mesmes pour autres causes:
Car ce qu'aucuns reprouuent la mantique, c'est à dire
la iudiciaire , nous voyons les indoctes par mesme
moyen condamner la doctrine des mouuemens celestes,certes par cela le mespris de toute ceste Philosophie
est confirmée aux rudes. Et combien que ie ne vueille
pas icy disputer de la diuinatrice,toutesfois si nous voulons droitement iuger ceste mesme doctrine des mouuemens vrayement est la principale mantique ou diuinatrice: car elle tesmoigne y auoir vne eternelle pensee
creatrice & gubernatrice du monde,& que nous auons
esté creez pour cognoistre Dieu & à vne immortalité.
Faut-il despriser ceste mantique?Qu'est ce qui conuiét
mieux aux diuins que de côfirmer aux esprits des hommes vrayes & saintes opinions de Dieu? Parquoy con-
fessons que ceste mesme doctrine des mouuemens &
mantique est vtile à la doctrine & aux mœurs.Au temps
passé le soin a esté si grand en l'Eglise de ceste chose,
que Cyrille afferme qu'il auoit esté ordonné au Concile, que tous les ans l'Euesque d'Alexandrie signifie-
roit à celuy de Rome le certain iour de l'Equinoxe,
pource qu'en l'eschole d'Alexandrie en cetemps là flo-
rissoient encores les estudes de ceste Philosophie, mais
à Rome ils n'estoient pas ainsi cognues. De ceste doctrine des mouuemens celestes, principalement du Soleil & dela Lune les deux plus grands luminaires nota-

bles à la veuë a esté prinse la raison de l'an du mois &
du iour: & a esté nommee ceste raison, Compost ou
compte. Compost dóques est la science considerát les
temps selon les mouuemens du Soleil & de la Lune. Car
comme il est dit au premier chapitre du liure de Genese:
Dieu a fait deux grands luminaires par le benefice desquels le iour & la nuict soyent illuminez & soyent faits
les changemens des temps seruans à la fragilité humaine. L'Eglise donques ne se souciant point des mouuemens de tous les corps celestes a seulement intention
de parler des téps mesurez & distinguez selon le mouuement de ces deux planettes. D'où il est manifesté que
ceste science subalterne à l'Eglise differe de l'Astrono-
mie, laquelle traite vniuersellement des mouuemens
de tous les astres tres-exactement iusques aux plus petites minutes desquelles l'Eglise ne se soucie point. Mais
seulement prend garde au moyen mouuement, lequel
est entre le tardif & hastif. Considerant donques l'vtilité de ce Compost ou compte pour toutes personnes
principalement pour gens d'Eglise & de Marine, ie l'ay
bien voulu recueillir de plusieurs autheurs & le redresser selon le retranchement des dix iours & correction
du Calendier & le faire François pour les simples qui
ne sont Latins, afin de seruir à nostre Republique
Françoise, laquelle ie prie à l'autheur de toutes choses
faire fleurir de plus en plus & la maintenir ensemble en
bonne paix & concorde.

A TRES-NOBLE, ET

TRES-VERTVEVX SEIGNEVR
MONSEIGNEVR MESSIRE CLAVDE
GROVLART, Conseiller du Roy en
son Conseil d'Estat & priué, & pre-
mier President en sa Court de
Parlement à Roüen.

MONSEIGNEVR, ayant passé la
pluspart de mon aage à instruire la Ieunesse aux Mathematiques, principalement des costes Marines, & dressé les
instruments Mathematiques, comme
Astrolabes & cartes seruans à la nauigation, i'ay bien voulu (en vostre faueur)
suyuant mon train redresser & recueillir ce petit liure grandement vtile à icelle, intitulé La Pratique du Compost Manuel, c'est à dire du Compte & Kalendier pratiqué sur la main,
non pour l'excellence qui soit en iceluy, mais pour la grande vtilité, ayant esté presque du tout rendu inutile par le retranchement
des dix iours, y adioustant quelques autres choses grandement
vtiles à la nauigation. Nos bons deuanciers faisoyent cas de ceste pratique, & la sçauoyent sur le doigt, est encore pour le present pratiquee sur les costes de la mer, est presque toute la science

B

qu'on apprend aux enfans qu'on veut faire seruir à la marine. Et
non sans cause, car c'est vne chose qui leur est grandement vtile
& necessaire, pour ce qu'il leur est bien de besoin de sçauoir à
quel iour & heure ils viuent, & quel iour il est de la Lune, d'autant que le flux & reflux de la mer qu'on appelle les marees se
goúuerne du tout par la Lune. Et encore que la plus part ne sça-
che lire ni escrire, si est-ce qu'ils ne laissent pas de sçauoir ceste
pratique de Compost & Kalendier sur la main. Qui leur est vne
chose beaucoup plus seure que le liure, d'autant que les Imprimeurs faillent le plus souuent en leurs nombres d'Or, cycles Lunaires, & Epactes, transposans vn nombre pour vn autre, ce
qui fait varier de beaucoup le iour de la Lune, laquelle faute ne
pourroit aduenir sans mettre en tresgrand danger de faire perir le
Marinier. Mesmes les Almanachs quelquefois se trouuent faux,
principalement aux iours de la Lune, pour estre dressez & Im-
primez par gens le plus souuent qui ne l'entendent. Que si les
Mariniers se fioyent en cela, ils commettroyent vne faute irrepa-
rable: mais de leur Compost & Kalendier sur la main, il n'en peut
aduenir faute pour le moyen mouuement de la Lune. Ceste pratique est mesmes vne chose bien gentille, vtile & necessaire à toutes personnes, car on ne peut pas auoir tousiours le liure au poing,
la main est bien plus prompte, on a bien plustost trouué par icelle
que par le liure, & sans faute les iours de la Lune, & festes.

Considerant donc, Monseigneur, la grande vtilité & necessité
de ceste pratique, ie l'ay bien voulu redresser l'ayant trouuee comme par terre, & presque enseuelie, & la reformer selon le retranchement des dix iours à mon petit pouuoir, & la grace qu'il a
pleu à Dieu m'en faire, en vostre faueur, afin que ceux qui en
sentiront quelque fruict vous en sçachent gré, & prient Dieu
pour vostre Seigneurie. I'ay mesmes adiousté à icelle le Kalendier & Almanach perpetuel, par lequel on pourra cognoistre à

perpetuité les causes particulieres de la temperature du temps, &
des saisons, par le leuer & coucher des estoilles fixes, & signes
prins du Soleil, & de la Lune, auec la Declinaison du Soleil par
chacun iour de l'an, pareillement reformee selon le retranchement
des dix iours, & quelques autres choses grandement vtiles à la
nauigation, principalement vn Abbregé de la Sphere & de
l'vsage de l'Astrolabe, auec le moyen de sçauoir en quelle latitude & longitude on sera tant par mer que par terre. Et d'autant (Monseigneur) que vous n'ignorez point ceci, comme Seigneur bien institué, amateur des sciences & diuines Matheses &
des bons Astrophiles, voire leur Mœcenat & pere nourrissier,
& que les Grands & doctes personnages ont tousiours esté pro-
tecteurs d'iceux, voire la plus part professeurs desdites sciences,
ie me suis enhardy dedier à vostre Seigneurie ce petit œuure,
beaucoup plus vtile que beau, ou orné d'vn grand stil, ou langa-
ge, lequel ie la supplie tres-humblement vouloir auoir agreable,
& supporter les defautes d'aussi bon cœur que ie luy presente: &
prie Dieu qu'il la vueille augmenter, & faire prosperer.
A ROVEN,

Le tres-humble seruiteur de vostre Seigneurie,
Ian de Seuile Medecin Mathematicien.

L'AVTHEVR AV
LECTEVR.

CE qui nous fait les ans, & les mois, & les iours,
Sont Phœbus & Phœbé par leurs tours & retours,
Phœbus auec son tour nous parfait la iournee,
Et auec son destour nous accomplit l'annee.

Phœbus auec son char de forts coursiers tiré,
Par les douze animaux qu'a le ciel figuré,
Tournoye en douze mois, ce que mesmes la Lune
Parfait dedans son mois, sans faire faute aucune.

L'argentine Phœbé, & le doré Phœbus,
Nous font doncques les mois, mais pour certain abus :
Au Compost suruenu, de Sol n'est plus l'entree
Au premier iour des mois aux signes retrouuee.

On a tranché dix iours dedans le Kalendier
Pensant aucunement à ce remedier,
On n'a fait qu'a demy, mais c'estoit pour la feste
Seulement ramener, ou il faut qu'on la feste.

Le vulgaire ignorant de ces Astres le cours
Pense qu'on ait tranché aucunement leurs tours,
Mais seulement ceci a esté fait au compte
Où on auoit erré, pour n'en auoir fait conte.

Par ce retranchement Kalendier, & Compost
Mis bas, sont redressez : ceci soit pour depost
De bonne affection, de l'autheur qui espere,
Quelque chose plus grande en brief temps sur ce faire.

Esperant mieux.

L'IMPRIMEVR
A L'AVTHEVR.

LA Lune variable, or' hastiue de cours,
Or tardiue, or' moyenne en ses vingtneuf iours,
Et demy se reioint au pere de lumiere
Pour clarté receuoir, afin qu'ell' nous esclaire.

Elle regit le flux, & reflux de la mer,
Comme nous est tesmoin le hardi nautonnier,
Le iour qu'elle reioint le Soleil, elle couche
En mesme heure auec luy non pas en lict ou couche.

Le lendemain retarde apres luy se coucher
Trois quarts d'heure valans vn run de vent naucher,
D'où y a trente deux, qui fait que la maree
Aux haures vient plus tard par chacune iournee.

En son premier quartier tarde des heures six:
Douze heures en son plain se leuant vis à vis,
Du Soleil se couchant: tarde dixhuit heures
En son dernier quartier, telles sont ses demeures.

Ces variations faisantes varier,
Ainsi diuersement les mares en la mer,
Font que les nauiguans du tout bien sçauoir doyuent
Sur le doigt tout son cours, de peur qu'en mer ne boyuent.

Elle regit la mer, & mesmes les humeurs
Dedans les corps humains, quoy que dient ces resueurs
Qui n'entendent son cours, selon qu'elle est assise
En aspect au Soleil se fait des maux la crise.

La fieure se retarde, ou auance son cours
Selon son mouuement, ou croissant ou decours:

Le malade en danger, selon qu'est regardee
Des planettes malins, ou qu'elle est fortunee.
    Le temps est temperé selon les mansions,
Et selon ses aspects aux Astres, & maisons:
Le semeur, & planteur a quelque experience
Du temps qu'il doit ouurer, ayme ceste science.
    Ceux qui veulent bien faire vn affaire ils eslisent
Les bonnes mansions d'icelle aux cieux qui luisent,
Et ils s'en trouuent bien: mesmes la medecine
Donnee en temps éleu est beaucoup plus benigne.
    Chacun doit donc sçauoir de la Lune le cours,
Et le bien annoter par les heures & iours:
DE SEVILLE tu as ceci fait en c'est œuure,
D'où chacun gré te sçait desia ie le descœuure:
    On m'a importuné de te soliciter
De le mettre en auant, cela fœliciter
Pourra l'œuure d'aucuns: Dieu te donne de faire
Encor de mieux en mieux, & l'eternelle gloire.

LE
COMPOST MANVEL
CALENDIER, ET ALMANACH
PERPETVEL, RECVEILLY ET REFORMÉ
selon le retranchement des dix iours:

AVEC

La Declinaison du Soleil, & autres choses appartenantes
à la Nauigation, grandement vtile & necessaire
à toutes personnes, principalement à
gens de Marine.

CHAPITRE PREMIER.

POVRCE que toutes personnes s'ils ne sçauent compter, ne different gueres des bestes brutes, & doyuent pour le moins sçauoir à quel iour ils viuent, & cognoistre les temps, & les saisons selon le cours du Soleil & de la Lune, principalement les gens d'Eglise, qui doyuent estre la lumiere & enseignement des simples : & les gens de Marine qui sont tousiours sur la mer, le flux & reflux de laquelle se gouuerne du tout selon le cours de la Lune, & aspects qu'elle a

aũec le Soleil, nous traicterons ici (Dieu aidant) som-
mairement de ces choses selon les anciés & retranchement des dix iours au Calendier Gregorien, ce qui est
la sienne du Compost ou compte. Ce mot Compost
est dit de cõpter, car nous procedons en iceluy en com-
ptant. Or il y a deux manieres de Compost, assauoir,
l'Astronomic, ou Philosophic, & le vulgaire, qui est
aussi de deux sortes, l'vn par le liure & l'autre sur la main.
De l'Astronomic nous n'en parlerós point, mais seulement du vulgaire, qui contient la science de distinguer
le temps par certaine raison. Le temps comme il est ici
prins, est vne certaine quantité, de l'an, du mois, du iour
ou d'autre espace: Ou le temps est le mouuemét des choses variables, & a sept parties assauoir l'an, le mois, la sepmaine, le iour, le quart de iour, l'heure, & minutes ou
scrupules. L'an contient douze mois, ou 52. sepmaines, &
vn iour: ou trois cens soixante & cinq iours, & six heures, onze à douze minutes moins. Le mois contiét quatre sepmaines, & vn peu plus. La sepmaine sept iours. Le
iour quatre quarts, chacun quart six heures, l'heure quatre quarts, chacũ quart quinze minutes premieres, chacune minute premiere soixante secondes, & ainsi consecutiuement pour les minutes. Le mois doncques est
presque la douziéme partie de l'ã du Soleil, la sepmaine
est presque la quatriéme partie du mois, le iour naturel
est la septiéme partie de la sepmaine, & ainsi du reste: &
encores que ces choses soyent assez cogneuës de quelques vns, si est ce que d'autát qu'elles sont le fondemét
de ce Traicté, & qu'elles ne sont pas cogneuës des petits
& apprentifs, pour lesquels nous parlons, il a esté besoin
en faire mention. Il y a encore vne autre diuision de

temps,

temps, aſſauoir par aage, par ſiecle, par luſtre, par olympiade, & par indiction, deſquelles choſes nous dirons cy apres. Au reſte il y a trois manieres d'ans, aſſauoir le Solaire, Lunaire, & grand an, deſquelles nous traiterons cy apres en trois parties.

CHAPITRE II.

La premiere partie de l'an Solaire.

EN CESTE premiere partie eſt traitté de l'an du Soleil, laquelle eſt ſubdiuiſee en quatre petites parties. En la premiere partie deſquelles eſt traitté que c'eſt que de l'an. Du commencement de l'an. De pluſieurs manieres d'ans. Des douze Signes. Du Biſſexte. Des quatre temps de l'an. Des Solſtices, des Equinoxes, du grand an, de l'Era, de l'Olympiade, du Luſtre, de l'Aage, de l'Euum qui eſt auſſi vne maniere d'aage. En la ſeconde partie eſt traitté du mois, des Calendes, des Nones, des Ides, de la Definition des iours, des Iours caniculaires. En la troiſiéme partie eſt traitté de la Sepmaine, & quelle eſt la lettre des Calendes, ou premier iour de chacun mois: En quel iour de la Sepmaine chacun mois commence, des lettres Dominicales, des regulieres Solaires, des concurrentes, & de l'Indiction. En la quatriéme partie eſt traitté du Iour, du Moment, & de l'Heure.

C

Que c'est que l'an du Soleil.

CHAPITRE III.

'AN est le cours du Soleil, quand trois cens soixante & cinq iours passez, il retourne aux mesmes lieux des Astres. Il est donc dit An, pource que les mois recouurans en eux, il est tourné, & est dit An quasi Aneau, c'est à dire, cercle: pource qu'il retourne en soy : & pour ceste cause deuant que les lettres fussent inuentees, l'an estoit ainsi demonstré par les Egyptiens. Ils peignoyent vn dragon ou couleuure mordant sa queuë, pource qu'elle recourt en soy, & est encores ainsi figuré par quelques vns. L'an selon plusieurs & diuers peuples à diuers commencemens. Les Arabes & Egyptiens le commencent apres le Solstice d'Esté, assauoir au commencement de l'Equinoxe de l'Automne, qui est en Septembre: pource qu'on lit que au comencement du monde les arbres portoyét fruict, & pource qu'en Septembre cela aduient, ils pensent ce monde auoir esté alors creé, & pour ceste cause ils commécent l'an en ce temps là. Mais Numa Pompilius l'vn des premiers Rois & Sacrificateurs des Romains a commencé l'an en Ianuier, pource que lors le Soleil estoit au premier poinct du signe de Capricorne, & cómençoit à remonter de bas en haut, & à nous rapprocher. Les Iuifs ou plustost le prophete Moyse ont commencé l'an à l'Equinoxe vernal, ou Iour-egal du renouueau, pource qu'en iceluy ils croyoyent le monde auoir esté creé, assauoir sur la fin du mois de Mars, & comméncement d'Auril, tous lesquels ceux qui ont traitté du

Compoſt on tenſuiuis: car ils commencent les regulieres Lunaires, Emboliſmes, & Epactes, & tous les ans
Lunaires en Septembre. Mais ils commencent le nombre d'or, & quelques lettres Dominicales en Ianuier: &
en Mars les regulieres du Soleil, concurrences, & quelques lettres Dominicales, comme il apparoiſtra en la ſeconde partie de ce petit œuure. Il y a pluſieurs manieres d'ans, aſſauoir l'an vſual, ou accouſtumé: l'an legitime, l'an emergent, l'an du Soleil, le grand An, l'an
Olympiade, l'an Luſtral, l'an Indictional, l'an Iubilé,
l'an de benignité, l'an d'eternité & de gloire. L'an vſual
ou temporel, eſt celuy qui prend ſon commencement
ſelon la couſtume des hommes, aſſauoir en Ianuier iuſques au Ianuier enſuyuant. L'an legitime ou ceremo-
nial, eſt celuy qui eſt cópté ſelon les Lunes, depuis Auril
iuſques en Auril enſuyuant. Car Auril eſt le premier des
mois entre les Hebrieux. L'an Emergent ou remarqua-
ble, eſt celuy auquel quelque choſe de grand aduient,
ou eſt aduenu, ſoit aux Iuifs ou autres peuples, en memoire duquel acte ils commencent à compter l'an à
quelque iour que ce ſoit. L'an du Soleil, eſt l'eſpace auquel le Soleil circuit les douze ſignes du Zodiaque, lequel cercle il fait comme dit eſt en 365. iours ſix heures,
onze à douze minutes moins. Ces ſix heures de quatre
en quatre ans font vn iour naturel Biſſextil: & ceſt an
eſt commun à toutes gens, & commence à quelque iour
que ce ſoit, & finit leſdits iours paſſez, & iceluy peut
auſſi eſtre dit naturel. Ces Signes du Zodiaque ſont le
Mouton, le Toreau, les Gemeaux, le Cancer, le Lyon, la
Vierge, la Liure, le Scorpion, le Sagittaire, la Chieure, le
Verſeau, les Poiſſons. Et notez que le ciel eſt diſtingué

par cercles qui enuironnent la rondeur d'iceluy. Il y a le
cercle Equinoctial ou Iour-egal. Les cercles Tropiques
de Cancer & Capricorne, entre lesquels est contenuë la
zone torride ou ceinture bruslee. Le Soleil n'outrepas-
se point ces deux cercles Tropiques qui sont aussi appelez Solstices, ou arrests du Soleil, & sont distans du cercle Iour-egal chacun de 23. degrez 33. minutes. Il y a aussi
les deux cercles distans des deux Poles, ou gonds du
monde, assauoir Artique & Antartique de 23. degrez
33. minutes. Puis il y a ce cercle ou ceinture enuironnant
de biais le ciel, ou cieux, nommee Zodiaque, depuis vn
tropique iusques à l'autre, entrecoupant le cercle Iour-
egal en deux endroits opposites, assauoir sur les commencemens du Mouton & de la Liure. Ce mot Zodia
signifie en grec animal, ou signe en latin, dont le cercle
Zodiaque est dit porte-signe : pource qu'au milieu du
Firmament sont douze Signes posez de trauers, également distinguez par cercle, lequel est figuré par formes
& nõs d'animaux, pource que le Soleil entrant en iceux
a aucunement les proprietez des animaux, ou pource
que les estoilles aux Signes sont disposees par figures
d'animaux. Car il ne faut pas péser qu'au ciel il y ait des
animaux, mais les anciens qui ont traitté la Philosophie
sous fables & plaisans contes, ont ainsi parlé par simili-
tudes. Signe est dit estre la douziéme partie du Zodiaque. Le Soleil fait son entree de nostre temps en chacun desdits Signes par chacun mois, assauoir au commencement de Capricorne, selon la reformation du
Calendrier le 21. iour de Decembre. Au signe du Verseau
le 20. iour de Ianuier, & ainsi par ordre des mois & des
Signes. Or le premier signe du Zodiaque est Aries, en

françois le Belier, auquel on dit le Soleil auoir esté fait,
& auquel est le Soleil au renouueau: Ainsi nómé, pource que comme le Belier est vn animal debile au derriere,
& au deuant ayant quelque force, ainsi le derriere du
Soleil en ce temps là est debile, le froid diminuant la
force d'iceluy : mais les parties anterieures d'iceluy re-
gardans l'Esté, ont quelque force & chaleur. Le second
signe est le Toreau, ainsi dit, pource que comme le Toreau est plus fort que le Mouton, ainsi le Soleil a plus
grande force en nostre endroit en ce temps là qu'au
precedent, & en la partie du deuát qu'au derriere, comme le Toreau, aussi est plus fort en la teste qu'en la partie
posterieure. Le troisiéme signe est Gemini, en françois
les Gemeaux, ainsi dit: pource qu'en ce temps là, la force du Soleil est double: car il comméce lors estre chaud
& humide enuers nous effectiuement, ou pource que
lors principalement les choses sont doublees, c'est à dire multipliees, & engendrees comme les gemeaux en-
gendrent: car les oyseaux & animaux produisent leurs
petits. Les anciens ont aussi ainsi nommé ce Signe, à raison de Castor & de Pollux, qu'ils ont constituez apres
leur mort entre les estoilles treslumineuses. Le quatriéme signe de Cancer, en françois l'Escreuice: pource que
le Cancre est vn animal marchát au rebours, ou en derriere, ainsi le Soleil estát approché de nous, il comméce
lors à s'en retourner en arriere de nous. Le cinquiéme
signe est le Lyon, ainsi dit : pource que comme le Lyon
est vn animal cruel, & tousiours febricitát, & plus chaud
& sec d'entre les animaux, ainsi est lors le Soleil tel enuers nous. Le sixiéme est Virgo, en françois la Vierge,
ainsi dit: pource que comme la Vierge n'engédre rien,

ainſi ce temps là Sterile n'engendre rien de nouueau,
fait lors meurir les choſes engendrees, auſſi eſt lors le
temps des iours Caniculaires, tenant de la nature du
Chien, qui eſt auſſi vn animal chaud & ſec, entre les
animaux tirant touſiours la langue, & halenant à cauſe
de ſon alteration. Le ſeptiéme eſt la Balance, ainſi dit,
pour l'egalité des iours & nuicts de ce mois, & c'eſt lors
l'Equinoxe Automnal. L'huitiéme eſt le Scorpius: car
comme le Scorpion eſt vn animal veneneux & poinct,
ainſi ce temps là eſt maladif pour l'inegalité de l'air: car
le matin eſt vn froid poignant, & à midy y a vne chaleur bruſlante. Le neufiéme eſt le Sagittaire, ainſi dit:
pource que cóme le Sagittaire nous deſcoche ſes dards,
ainſi le froid de ceſte ſaiſon nous vient darder, ou pource que lors tombent les foudres en forme de ſagettes.
Le dixiéme ſigne eſt le Capricorne, ainſi dit: pource
que comme la Chieure monte de bas en haut, ainſi lors
remonte vers nous le Soleil: Auſſi pource que les anciés
ont fiché entre les aſtres la figure du Capricorne, pour
la Chieure nourriſſe de Iupiter, de laquelle ils ont formé la partie poſterieure du corps à la ſemblance d'vn
poiſſon, pour ſignifier les pluyes, leſquelles bien ſouuét
abondent en ce ſigne ſur la fin. L'onziéme ſigne eſt le
Verſeau, ainſi dit: pource que durant que le Soleil eſt
en ce Signe, nous auons des pluyes & des vents. Le douziéme ſigne eſt les Poiſſons, pource que comme le poiſſon eſt vn animal aquatique, ainſi le temps durant que
le Soleil eſt en ce Signe, eſt aquatique, ou pource que
c'eſt lors le temps de peſcher, les eauës eſtant euacuees.
Des choſes ſuſdites on peut facilement ſçauoir en quel
degré de Signe le Soleil eſt par chacun iour. Les Aſtro-

logues alleguent des raisons beaucoup plus grandes, &
belles, pourquoy ces Signes ont ces figures, elles pourront estre prinses de leurs liures par ceux qui seront cu-
rieux de ces choses. Ceci nous suffira pour nostre propos, d'autant que nous n'auons pas deliberé de traitter
ici l'Astrologie : mais seulement le compte du temps
pour les simples.

Que si nous voulons sçauoir quant sera l'an bissextil,
nous deuons diuiser les ans de nostre salut par quatre,
autant que nous pourrons, & s'il ne reste rien nous serons en l'an de Bissexte, & s'il reste quelque chose il ne
sera pas an de Bissexte, mais il sera commun : s'il reste 1.
il sera le premier an apres, s'il reste 2. il sera le second an
apres : s'il reste trois, il sera le troisiéme an apres le Bissextil. 1584. il estoit an de Bissexte. 1585. il estoit le
premier an d'apres.

Chapitre IIII.

LES anciens Romains desquels nous tenons
les loix, & le Calendier, ont diuisé l'an en quatre quartes. La premiere commençoit à l'Equinoxe vernal, du temps de Numa au premier iour d'A-
uril, & du temps de Iules Cesar au 25. iour de Mars. La
seconde commençoit au Solstice d'Esté du temps de
Numa au premier iour de Iuillet, & du temps de Cesar
au 24. iour de Iuin. La troisiéme commençoit à l'Equinoxe Automnal : du temps de Numa au premier iour de
Octobre, & du temps de Cesar au 24. de Septembre. La
quatriéme commençoit au Solstice d'Hyuer entre du

Soleil au Signe de Capricorne, du temps de Numa, au premier iour de Ianuier:& du temps de Cesar le 25. iour de Decembre. Et outre ces quatre temps ou quartes,ils nombroyent encore quatre autres parties de l'an, assauoir le Printemps, l'Esté, l'Automne,& l'Hyuer. Et les commencemens d'icelles, ils les mettoyét au milieu de ces quartes. Ils prenoyent le commencement du Renouueau ou Printemps au milieu de la quarte, qui est depuis la brume ou Solstice d'Hyuer iusques à l'Equinoxe vernal,auquel temps les doux Zephires, ou vents Occidentaux commencent à souffler, & le froid à se relascher. Le commencemét de l'Esté ils le mettoyent au milieu de la quarte, laquelle est depuis l'Equinoxe vernal iusques au Solstice d'Esté, assauoir au dixiéme du mois de May, auquel temps les estoilles Hyades & Pleiades que le commun appellent la poussiniere, au Signe du Toreau,commécent à se leuer & coucher auec le Soleil. Ils mettoyent le commencement de l'Automne au milieu de la quarte, qui est depuis le Solstice d'Esté iusques à l'Equinoxe Automnal, assauoir sur le commencement du mois d'Aoust,auquel temps tout est presque desseché d'humeur.Ils comméçoient l'Hyuer au milieu de la quarte, laquelle est entre l'Equinoxe de l'Automne & le Solstice hyuernal, assauoir sur le cómencement de Nouembre, auquel téps lesdites estoilles Pleiades se leuent au matin,le Soleil se couchant,& redonnent des pluyes pour l'arrousement des terres. Ainsi les anciens Romains diuisoient l'an en huit parties fort propremét: ce que nous deuons aussi faire à la verité. Ainsi le Printemps nous commencera sur le commencement de Feurier, & nous durera iusques sur le commencement de

May,

May, auquel temps l'Esté succedera, & nous durera iusques sur le commencement de l'Aoust, & là nous com-
mécera l'Automne, qui nous durera iusques sur le commencement de Nouembre, qui nous sera le commécement de l'Hyuer, & durera iusques sur le cómécemét de
Feurier. Les cómencemés des quatre saisons de l'annee,
assauoir de l'Hyuer, Renouueau, Esté, & Autóne, selon
l'Eglise sont contenus en ces vers Latins assez anciens.

> *Clementis, hyemis caput est orientis,*
> *Cædit hyems retro cathedrato Symone Petro,*
> *Verfugat Vrbanus, est atem Symphorianus,*
> *Id tibi quod restat Autumni tempora prestat.*

C'est à dire, que la feste de saint Clement qui est le 23.
iour de Nouembre, est le commencemét de l'Hyuer, &
dure iusques à la feste de la chaire S. Pierre, qui est le 22.
de Feurier, & lors commence le Renouueau, & dure iusques à la feste S. Vrbain, qui est le 25. iour de May, & lors
cómence l'Esté, & dure iusques à la feste de S. Sympho-
rian, qui est le 22. iour d'Aoust, & lors commence l'Automne, & dure iusques à la feste S. Clemét ou cómence
l'hyuer. En chacune de ces quatre parties de l'an l'Eglise
celebre trois iours de ieusne, & pour ceste cause sont appellees les ieusnes des quatre temps. Et pource que les
Solstices & Equinoxes du Soleil, & entree d'iceluy aux
Signes, auoiét retrocedé ou reculé dedans le Calendier,
& non pas au ciel (car son cours ne peut estre auancé ny
reculé pour les hommes faillir au cóte de son an) &
qu'à ceste occasió on a retranché dix iours dans le Calendier pour ramener les festes fixes, & mobiles, pour
estre celebrees au temps mesmes qu'elles estoyenr du
temps du Concile de Nicene, qui fut l'an de nostre

D

salut 322. Cela à fait que ces saisons ont aussi esté trans-
muees dans le Calédier. Et le Solstice d'Hyuer qui nous
estoit l'onziéme & douziéme iour de Decembre, nous
est pour le present le 21. iour de ce mesme mois. L'autre
Solstice & Equinoxe, & entree du Soleil aux autres Signes parcillement transmuez. Si on eust encores osté
dix iours, on eust ramené l'an du Soleil comme il estoit
du temps de Numa Pompilius troisiéme Roy, & Sacrificateur des Romains, qui commença l'an lors que le
Soleil estoit au premier poinct du signe de Capricorne
le premier iour de Ianuier: mais on a eu esgard seulemét
à ce que dessus. On auoit donné à l'an du Soleil 365. iours
6. heures, mais pource qu'il y a onze à douze minutes
moins, cela à fait reculer dedás le Calédier les entrees du
Soleil aux Signes, depuis le temps de Numa iusques à
present de 20. iours. Et depuis le Concile de Nicene iusques ici, de dix iours. Non pas que ces vieux Romains
grands Astrologües n'ayent bien entendu ceci comme
ie croy, mais ils n'ont pas laissé vn iour de bissexte quád
il le falloit laisser, assauoir de cent trentesix en cent trentesix ans, ou pour le moins trois bissextes en 400. ans,
comme on fera selon la reformation du Calendier. Il y
a aussi vne maniere d'ans qu'on appelle Era, & d'iceux
vsent les Espagnols, elle a esté ordonnee (comme aucuns estiment) par Cesar Auguste, quand il a fait vne
description du monde, en laquelle vn chacun faisoit
profession de payer argét à la Republique des Romains.
Les indictions ont esté au parauant cest Era. Il y a pareillement les Olympiades qui ont esté ordonnees par
les Grecs en la cité d'Elie, les Eliens faisans de cinq en
cinq ans des ioustes & combats, & pour ceste cause ils

ont apellé ce temps du combat des Eliens, Olympiade,
y ayant quatre ans entre icelles. Il y auoit aussi le Lustre
entre les Romains qui estoit vn téps de cinq ans, comme l'Olympiade, on venoit voir la ville de Rome auec
argent de cinq en cinq ans. Il y a encores entre les Romains l'an Indictional qui contient trois Lustres, assauoir quinze ans. Entre les Hebrieux il y auoit l'an Iubilé, c'est à dire de remission, lequel estoit celebré apres
sept sepmaines d'ans accomplies, assauoir 49.ans passez.
Entre les Chrestiens il y a l'an de benignité & de grace,
auquel Iesus Christ est venu, & nous a rachetez par sa
seule benignité. Il y a aussi l'an d'eternité & de gloire, auquel les Esleuz & enfans de Dieu se resioüiront sans fin.
Il y a pareillement les siecles, lesquels sont composez de
generations, ainsi nommez pour leur suite, car les vns
passans les autres suyuent. Aucuns appellent ce temps, le
cinquantiéme an, que les Hebrieux appellent Iubilé. Et
pour ceste cause l'Hebrieu pour l'amour de sa femme &
enfans aymant son seigneur, ayant l'oreille percée, sub-
iugué en seruitude, estoit commandé seruir vn siecle,
c'est à dire iusques au cinquantiéme an. Il y a pareillement les aages. L'aage bien souuent est prins pour vn
an, & pour sept ans, & pour cent ans, & pour quelque
temps que cesoit. L'aage est dite proprement en deux
manieres, assauoir l'aage de l'homme, comme de son
enfance, ieunesse, virilité, & vieillesse, ou du monde. La
premiere aage a esté depuis Adam iusques à Noé, la seconde depuis Noé iusques à Abraham, la troisiéme depuis Abraham iusques à Dauid, & la quarte depuis A-
braham iusques à la transmigration de Iuda en Babilo-
ne, la cinquiéme depuis ceste transmigration iusques à

l'aduenem'ent de noſtre Seigneur Ieſus Chriſt en chair.
La ſixiéme eſt, en laquelle nous ſommes, & durera iuſques à la fin du monde. Il y a auſſi le grand an, lequel eſt
appellé l'an des Reuolutiós, ou des grádes conionctiós
des plus hautes planetes, lequel aduient de huit cens en
huit cés ans, cinq ans moins, aſſauoir toutes les planetes
faiſant leurs conionctions aux lieux du ciel ou elles ont
eſté creées, & eſtant de retour au lieu d'où elles ſont parties premierement. Ceci eſt aduenu l'annee prochaine
precedente 1583. ſur la fin du Signe des Poiſſons. Et ceſte
annee au commencement d'Aries, qui eſt eſtimé le premier des Signes du Zodiaque ſe commence l'huitiéme
reuolution. Sept grands ans ou reuolutiós ſe ſont ià paſ-
ſees depuis le cómencement du monde, ſelon la ſuppu-
tation des Saints liures, & reuiennét à 5560. ans, & quelques iours, iuſques à ceſte annee 1584. que commence
l'huitiéme grande reuolution. Il y a pareillomét le grád
an du monde, lequel ſera quand toutes les eſtoilles fixes
leſquelles ſe meuuent de cent en cent ans d'vn degré ou
enuiron, ſeront de retour au premier poinct du Zodiaque du neuſiéme ciel, qui ſera ſeló aucuns apres ſept fois
ſept mille ans, qui valét 49. mille ans. Platon appelle ceſt
An le grand An, comme vn Poëte de noſtre temps dit
fort propremét parlant de ceſte reuerſion des eſtoilles.

> Finira finiſſent le grand An Platonique
> De ſept fois ſept mille ans: & alors ces beaux corps,
> Se pourront retrouuer en leurs premiers accords,
> Se pourront retrouuer en leur place premiere,
> D'où les fiſt deſloger le peſel de lumiere.

Il y a pareillement vne maniere d'aage appellé en latin Euum, qui ſignifie aage perpetuel, qui n'a ny com-

mencement ne sin, c'est l'Eternité.

Enſuit la ſeconde partie, & premierement du Mois.

CHAPITRE V.

APRES auoir parlé de l'an, il reſte à parler du Mois. Le Mois eſt l'eſpace de temps durant lequel la Lune ſe departát du Soleil eſt derechef iointe à iceluy, ſon circuit eſtant accomply, & eſt dit mois de meſurer : pource que l'an eſt meſuré par mois. Entre les Grecs & les Hebrieux les vrays mois ſont ceux là qui ſont nóbrez, non pas ſeló le cours du Soleil, mais ſelon le cours de la Lune, ce qui eſt depuis vne nouuelle Lune iuſques à l'autre. L'an eſt diuiſé par douze mois, pource que le Soleil circuiſſant le Zodiaque, il paſſe par les douze Signes, ce que la Lune fait auſſi en ſon mois. Et le Soleil demeure douze mois en ces Signes, aſſauoir vn mois en chacun Signe. Toutesfois Romulus voulut qu'il y euſt ſeulement dix mois, commençant à Mars, lequel il dedia à Mars Dieu de la guerre qu'il eſtimoit eſtre ſon pere. Dont Ouide au premier des Faſtes dit,

Tempora digereret cum conditor vrbis in annum
Inſtituit menſes quinque bis eſſe ſuos.   En françois,
Romulus digerant dedans vn an les temps,
Il ordonna dix mois par an entre les gens.

Mais Numa Pompilius voyant que l'an n'eſtoit pas bien accomply en dix mois, il adiouſta deux mois du commencemét, aſſauoir Ianuier & Feurier. Ianuier eſt dit de ce mot Ianua (comme veulent aucuns) qui ſignifie porte : car ainſi comme par la porte nous entrons en la maiſon, ainſi par le mois de Ianuier nous entrons en l'an : car il eſt l'entree de l'an, où il eſt dit de Ianus tenu pour Dieu entre les anciens, & dit le commencement & fin de toutes choſes, & ce mois luy fut dedié, dont ce meſme Ianus eſt peinct à deux viſages, pour demõſtrer l'entree, & ſortie de l'an. Feurier eſt dit des fiéures leſquelles aduiennent facilemét en ce mois. Où il eſt ainſi nommé, à cauſe des februales, c'eſt à dire purgations qui eſtoient celebrees en ce mois pour les morts : car les Romains en ce mois auoient memoire des ames, & purgeoient icelles, celebrant les obſeques des morts. Dont ſelon Yſidore, il eſt dit de Febru, c'eſt à dire Pluton, auquel on ſacrifioit en ce mois. Mars eſt dit de Mars pere de Romulus. Auril eſt ainſi dit, de ce que la terre eſt lors ouuerte pour germer, les fleurs s'ouurent, & les arbres commencent lors à pulluler. May eſt ainſi denommé des majeurs qui eſtoient princes de la Republique, ou de Maia mere de Mercure. Iunius eſt ainſi dit des Ieunes. Car il y auoit les majeurs ou anciens qui eſtoient appelez au temps paſſé, peres, & demeuroyent en la cité pour le gouuernement d'icelle. Il y auoit auſſi les ieunes qui alloyent combatre pour la Republique. Pour ceſte cauſe May eſt dit des majeurs, & Iuin des Iunieurs, & ont eſté inſtituez en l'honneur d'iceux. Iuillet eſt dit de Iules Ceſar, ou pource qu'il fut né en ce mois, ou pource qu'il triompha des ennemis en iceluy. Auparauant ce mois eſtoit nommé Quintil, pource qu'il eſt le cinquiémé à conter du mois de Mars, lequel ſelon Romulus eſtoit le premier mois de l'an. Aouſt eſt dit en Latin Auguſtus de Auguſte Ceſar, auparauant eſtoit nommé ſextil, pource qu'il eſt le ſixiéme apres le mois de Mars, Septembre à ſon nom du nombre de ſept, & des pluyes,

pour ce qu'il a des pluyes, & est le septiéme du mois de
Mars. Ainsi sont denommez pour pareille raison Octobre, Nouembre, & Decembre. Combié de iours à chacun mois, ils sont comprins en ces anciens vers.

> Trente iours à Nouembre,
> Auril, Juin, & Septembre,
> De vingthuit il y en a vn,
> Les autres en ont trente & vn.

La raison pourquoy les mois ont plus de iours les vns
que les autres, est d'autant que le Soleil est plus de iours
à faire son cours en aucuns des Signes y marchant plus
lentement, aux autres plus vistement, & en aucuns me-
diocrement. Il fait quelquefois vn degré par iour en vn
Signe, quelquefois en vn autre moins, & quelque fois
plus d'vn degré. Il n'est que 28. iours au Signe de Pisces,
& c'est pourquoy Feurier n'a que 28. iours en l'an commun, mais en l'an de Bissexte il en a 29. Chacun Signe
contient trente degrez, lesquels multipliez par douze
font 360. degrez, lesquels le Soleil fait en 365. iours 6. heures, onze à douze minutes moins. Chacun degré est diuisé en 60. minutes premieres, & chacune minute premiere en 60. minutes secódes, & ainsi en diminuant par
ordre. Il y a en chacun mois trois iours celebres qui seuls
sont nommez de noms propres, & les autres iours sont
denommez d'iceux : assauoir les Calendes, Nones &
Ides, lesquels iours les Romains ont instituez pour les
iours de festes, ou pour les offices des magistrats : car en
ces iours là ils conuenoyent aux villes. Les Calendes
sont le premier iour des mois, & estoit ce iour celebré
& festiué tant par les Romains que les Hebrieux. Il y
en a qui disent ce mot de Calendes vénir du mot Grec

Kalo, qui fignifie vocquer, ou appeller. Le premier iour du mois, le crieur auoit accouftumé appeler le peuple aux Nones, c'eft à dire Foires, criant autant de fois *Kalo,* qu'il y auoit de iours iufques aux Nones : & pour cefte caufe font appelees Calendes de plufieurs vocations.

Les Nones font quatre ou fix iours en chacun mois qui fuyuent les Calendes, c'eftoyent des Foires que les Romains celebroyent. Elles commençoyent en quelque mois au cinquiéme iour, & en vn autre au feptiéme. Elles font dites Nones, ou de ce mot *Nundine,* qui fignifie Foires, ou de ce mot *Nouem* ou *Nonus,* pource qu'elles eftoyent le neufiéme iour deuant les Ides. Les Ides font huit iours qui fuyuent apres les Nones. Les Ides font toufiours au 13. ou 15 iour, felon que les Nones precedét: car fi le mois a 4. Nones, les Ides font au treziéme iour: s'il a fix Nones les Ides font au 15. iour. Tous les autres iours des mois fe denomment, ou des Calendes, ou des Nones, ou des Ides, affauoir vn tel iour deuant: mais ces chofes appartiennent plus aux Romains, qui en vfent encores qu'aux François pour lefquels nous auons dreffé cecy. Partant nous n'en dirons plus rien, finon ce qui enfuit.

> *Principium menfis noftri dixere Calendas*
> *Sex Mayus, Nonas, October, Iulius & Mars:*
> *Quatuor & reliqui: tenet Idus quilibet octo.*

Nous auons fait ces carmes françois felon noftre petit pouuoir.

> *Les premiers iours du mois Calendes nommez font,*
> *Octobre, Mars, & May, Iuillet fix Nones ont,*
> *Et tous les autres mois en ont feulement quatre:*
> *Huit Ides à chacun on n'en peut rien rabattre.*

Ona

On a noté par ci deuant en chacun moys quelques
iours heureux, & aurres malheureux : mais cela est vne
chose superstitieuse, & n'a aucun fondémét sur les causes naturelles, & partant defenduë comme contraire à
la parole de Dieu : car ces iours là ne peuuent estre notez pour estre perpetuellement au Calendier. Il est bien
vray qu'il y a des iours plus fortunez ou heureux que les
autres, & autres plus infortunez & malheureux pour les
maladies, & beaucoup d'autres choses : mais cela aduient
selon le cours varié des planetes & aspects qu'ils ont les
vns aux autres par chacun iour, mais ces choses sont seulement cognuës des Astrologues par leurs tables du
mouuement des Astres, & n'en peut on faire vn ordinaire au Calendier perpetuel, car c'est vne chose trop
variable : mais seulement on le peut marquer dedans le
Calendier, Almanach, ou Iournal, qui se fait par chacun
An. Il y a aussi les Iours Caniculaires en quelques mois, *caniculc*
ainsi denommez de la Canicule ou petite chienne, qui
est vne estoille au 22. degré du signe de Cancer, de la
nature de Mars, ardent & sec : laquelle iointe auec le Soleil en Esté au signe du Lyon, ou prochaine d'iceluy, la
chaleur d'iceluy est doublee, dont les corps humains
sont debilitez & abbatus de forces, & dessechez tombét
en fieures ardentes, & lors comme dit Hypocrat Prince
des Medecins, les medications sont difficiles, exceptez
les clisteres, auec lesquels on peut lauer le ventre. Les
seignees & les potions estát lors mauuaises pour la chaleur, & intemperie du Soleil, & resolution des corps.
Ces iours Caniculaires sont depuis enuiron la my-Iuil-
let iusques à la fin du mois d'Aoust.

E

De la Sepmaine, troisiéme partie.

CHAPITRE VI.

ENSVIT de la Sepmaine. La Sepmaine contient sept iours naturels, par la repetition desquels, les mois, les ans, & les siecles sont parfaits : elle est appellee des Grecs *Hebdomada*, & des Hebrieux *Sabathum*, & est dicte Sepmaine du mot latin *Septem*, & *de mane*, qui signifie sept mains ou sept iours, vne partie estát prise pour le tout, ou pour ce qu'elle demeure sept iours. Les Sepmaines ne peuuent auoir certains noms, elles n'ont point aussi certains commencemens : car elles varient par chacun An, pour vn ou deux iours qui sont en l'an outre les Sepmaines. Tous les iours des Sepmaines sont inscripts par les sept premieres lettres de l'A, B, C. Les iours sont denommez des noms des Planetes. Le premier qui est le Dimenche, est le iour du Soleil, qui est le Prince de tous les Planettes, ainsi ce iour est le chef de tous les autres, & est maintenant consacré au Soleil de Iustice Iesus Christ nostre Seigneur. Le second qui est le Lundy est denommé de *Luna*, laquelle est prochaine en splendeur & grandeur au Soleil, comme il semble, & d'iceluy emprunte la lumiere qu'elle nous depart. Le troisiéme iour est denómé de l'estoille de Mars, & est nommé Mardy, ou iour de Mars. Le quatriéme qui est Mercredy est denommé de l'estoille de Mercure. Le cinquiéme qui est Ieudy de l'estoille de Iouis ou Iupiter. Le sixiéme, de l'estoille de Venus est nommé Vendredy. Le septiéme est nommé Samedy de l'estoille de Saturne, laquelle estant au septiéme ciel fait son cours en trente ans par les signes du Zodiaque. Mais on pourroit demãder pourquoy les iours ne sont point ainsi en ordre en la Sepmaine, comme sont les Planettes au ciel : car ils sont ainsi par ordre au ciel, comme il est contenu en ces vers.

Sol. ue. mer. Luna, Saturnus, Jupiter, & Mars.

Ou ainsi.

Saturnus, Ioue, Mars, Sol cum ue. mer. Luna.

La solution est que les iours de la Sepmaine ne vont pas selon l'ordre des Planettes, mais selon le gouuernement d'iceux par chacun iour. Dont pour ce que les Astrologues ont veu que Sol regnoit à la premiere heure du Dimenche, pour ceste cause ils ont denommé ce iour là du Soleil. Et pource qu'ils ont veu que la Lune regnoit à la premiere heure du second iour, ils ont denommé ce iour là de la Lune, & ainsi des autres iours, comme il apparoist par la distinction & gouuernement des heures du iour, faite entre les Planetes par ordre successiuemét, laquelle no⁹ mettrós cy apres. Et pour ce que l'ordre des Planetes ne passe point le nombre de sept, & retourne à vn : pour ceste cause sept iours ont esté ordonnez tát seulemét en la sepmaine par les Sages. Or faut-il voir maintenant en quel iour de la sepmaine chacun mois entre, ou par quelle lettre il commence. Cela est contenu en ce vers.   *Adam degebat ergo ci fos adri fos.*

Ce verset contient douze syllabes seruans aux douze mois, assauoir la premiere lettre de la syllabe, comme *Adam*, ce mot de deux syllabes signifie que Ianuier se commence par A. Feurier par D. *Degebat* de trois syllabes, signifie que Mars se commence par D. Auril par G. May par B. Les autres syllabes signifient que

Iuin se cómence par e. Iuillet par g. Aoust par c. Septembre par f. Octobre par A. Nouembre par d. Decembre par f. Ayans la premiere lettre de chacun mois, nous pouuons sçauoir à quel iour il entre: car par la lettre Dominicale de l'annee on peut sçauoir quel iour signifie chacune lettre, si c'est Lundi ou Mardi, &c. On peut aussi sçauoir à quel iour chacun mois entre par deux manieres de nombres qui sont en l'ancien Compost, appellez les regulieres du Soleil, & les concurrentes, mais d'autant que cela est assez long, & peu profitable, & non necessaire, nous l'auons ici obmis.

Du Cycle Solaire ou des concurrentes.

CHAPITRE VII.

LE CYCLE Solaire est le nóbre de vingthuit ans, inuenté pour trouuer la lettre Dominicale par chacun An, & consequemment à quel iour chacun mois entre, & que signifie chacune lettre du Calendier, & est dit Cycle, quasi cercle par similitude. Que si nous voulons sçauoir le quantiéme An il est du Cycle Solaire, il nous faut diuiser les ans de nostre salut par 28. autant que nous pourrons, & à iceux adiouster neuf deuant que de les diuiser: car quand nostre Seigneur Iesus Christ fut né, il y en auoit desia autant de passez du Cycle, & le reste qui demeurera apres la diuision ou reiection, monstrera le nombre du Cycle Solaire courant: & s'il ne reste rien, nous serons au dernier An de ce Cycle. Exemple, ie diuise 1584. apres y auoir adiousté 9. par 18. & reste 25. Ie di donceques que nous aurons en ceste Annee 1584. pour Cycle Solaire, ou con-

currente 25. & le nombre venu du partir est 56. qui demonstre les Cycles passez depuis la Natiuité. Ce nombre de 25. trouué, ie regarde dedans le Cycle Solaire, &
vis à vis de ce nombre ie trouue, e.d. pour lettres Dominicales de cest an Bissextil: mais d'autant que lon a retranché dix iours du Calendier, nous auons A. G. pour
lettre Dominicale, lesquelles lettres il faut mettre à l'endroit de 25. du Cycle Solaire, & ainsi le reformer auec
toutes les autres lettres, & par ce moyen on trouuera la
lettre du Dimenche par chacun An. Ensuyuent trois
versets qui contiennent 28. mots, se commençans par
les sept lettres du Calendier, qui demonstrent la lettre
du Dimenche par chacun An des 28. annees.

Fert ea dux cor amet gens fautor eum coluit bis,
Ars genus est de corde bono gignit ferus ensis,
Dicta beant aqua gens frons dat cunctis bonus auctor.

Ensuit encores vn autre verset qui s'applique sur les
28. ioinctures de la senestre, sur chacune ioincture vn
mot, excepté sur les ioinctures du petit doigt qu'on y
applique deux mots, pour signifier les deux lettres Dominicales de l'an Bissextil, & contient sept mots, se commençans par les sept lettres du Calendier.

Filius esto Dei cælum bonus accipe gratis.

Le premier mot *Filius*, signifie F. pour lettre Dominicale, & ainsi des autres. Nous auons ici mis les figures
du Cycle Solaire reformé, & de la main pour plus ample intelligéce de ces choses. Pour vser de ce verset, faut
mettre *Filius* sur la racine du doigt indicatif pour l'an
1585. & *esto* sur la racine du doigt du milieu pour 1586. &
ainsi consequemment comme la figure suyuante de la
main le demonstre.

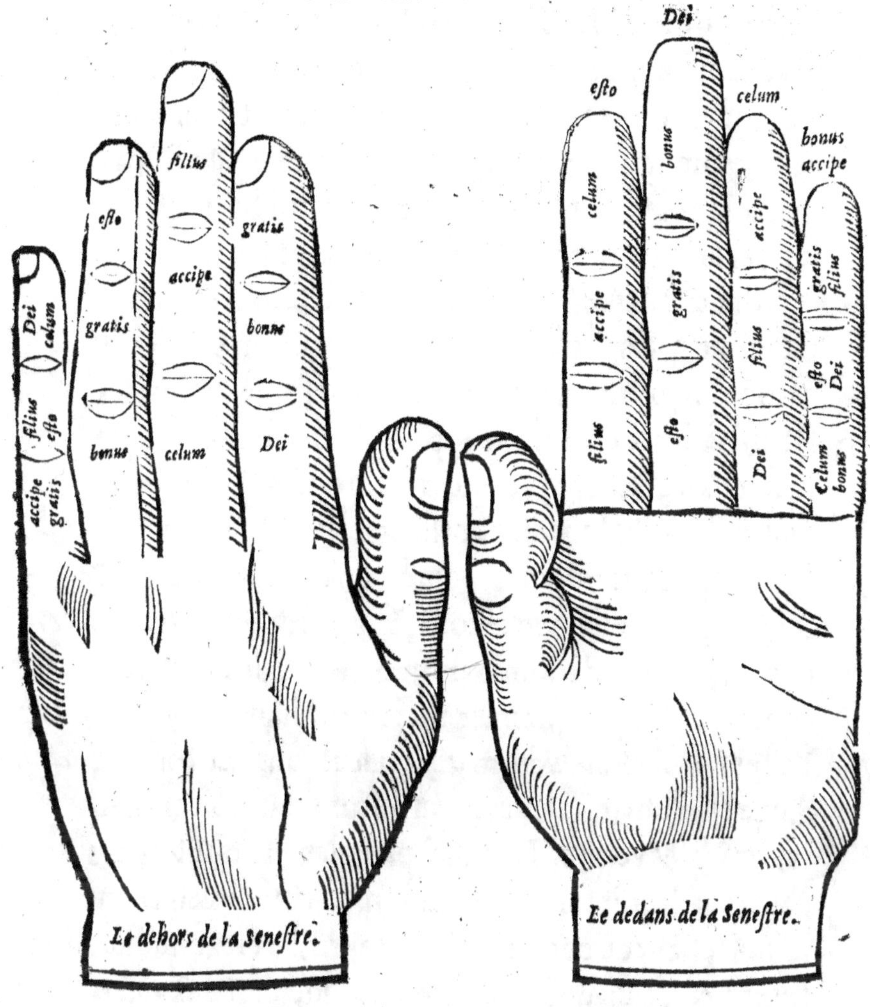

Du Iour quatriéme partie.

CHAPITRE VIII.

COMBIEN que cy deſſus nous ayons touché · en pluſieurs lieux du Iour, neantmoins nous en parlerons ici ſpecialement. Il faut donques ſçauoir qu'il y a deux manieres de iours, aſſauoir le na-

turel & artificiel. Le naturel est l'espace auquel le Soleil
est duit au tour de toute la terre de leuant au couchant,
assauoir en l'espace d'vn iour & d'vne nuict, qui contient tousiours vingtquatre heures. L'artificiel est l'espace que le Soleil demeure sur nostre Hemisphere, depuis
le leuer iusques au coucher d'iceluy. Et ce iour croist &
décroist selon que le Soleil monte & descend, & est nómé en latin *dies*, du mot Dian, qui signifie clarté: ou de
ce mot *Dij*, d'autant que les iours ont esté dediez par les
Gentils à leurs dieux. Est appellé artificiel, pource que
ce temps seul est apte à exercer les artifices. Le reste, ou
l'autre partie du Iour est appellee en latin *Nox*, du verbe
Noceo, qui signifie nuire, pource qu'elle nuit à la veuë
& à l'vsage, & est appellé Iour, sans faire mention de la
Nuict, prenant denomination de la meilleure partie,
comme il est dit au premier chapitre du liure de Genese.
Et fut fait du soir & du matin vn seul Iour. Le Iour est
diuisé en plusieurs parties selon aucuns, assauoir en matin, midy & vespre. La Nuict pareillement en plusieurs
parties, assauoir soir, crespucule matutin, & vespertin,
minuit chant du coq, poinct du Iour. Elle est aussi diuisee en veilles, assauoir, premiere, seconde, tierce, & quarte. Le Iour pareillement en heures, assauoir prime, tierce,
sixte & none. Ceci se faisoit entre les Iuifs.

De l'An Lunaire.

CHAPITRE IX.

L'AN Lunaire est dit en trois manieres. La premiere est l'espace auquel la Lune circuit tout le
Zodiaque, ce qu'elle fait en 27. iours 8. heures

selon le moyen mouuement. La seconde maniere est
l'espace auquel la Lune r'attaint le Soleil, depuis vne
conionction iusques à l'autre, ce qui se fait en 29. iours
12. heures. Car comme la Lune se separe du Soleil pour
circuir le Zodiaque, & puis retourne au poinct où elle
auoit delaissé le Soleil, elle ne le trouue plus là : pource
que le Soleil a desia tant procedé par son mouuement,
qu'il faut encores deux iours & trois heures, peu plus
ou moins à la Lune pour se reioindre à iceluy. Tierce-
ment l'An Lunaire est dit l'espace de douze Lunes en
vn An commun, & de treze Lunes en l'Embolisme, desquelles il sera parlé cy apres. Veu donques que chacune
Lune est de 29. iours 12. heures (car l'Eglise ne se soucie
pas des minutes,) & que des 12. heures de la Lune precedente, & des douze heures de la Lune suyuante est
fait vn iour naturel : ce iour est tousiours attribué à la
Lune precedente, de sorte que la Lune du mois precedent à tousiours trente iours, & celle du suyuant vingtneuf iours, si autre chose ne l'empesche, comme le Bissexte, l'Embolisme, & saut de la Lune. Non pas qu'vne
Lune soit plus longue que l'autre, mais pour assigner
iour à la nouuelle Lune, on attribue trente iours à vne
Lunaison, & vingtneuf iours à l'autre. Les mois impers
ont trente iours de Lune, & les pers vingtneuf : mais Feurier en a trente en l'An de Bissexte, & Iuillet n'en a que
vingtneuf au dernier An du Cycle Lunaire, à raison du
saut de la Lune. De ces douze Lunaisons sont faits 354.
iours en l'An Lunaire, & ainsi l'An de la Lune est exce-
dé de l'An du Soleil d'onze iours, duquel exces toute la
varieté de l'aage de la Lune suruient. Pour laquelle varieté deux genres de nombre ont esté inuentez, assauoir

les regu-

les reguliers Lunaires, & les Epactes. Les reguliers Lunaires sont vn nombre inuariable donné au mois,
pour trouuer la Lune aux Calendes ou premiers iours
de chacun mois. Et ont leur origine de ces cinq iours là
qui sont en l'An du Soleil par dessus les trois cens soixante cinq iours : mais d'autant que ceste maniere de
trouuer la Lune est assez difficile, & peu necessaire, nous
delaisserons ceste maniere de faire des anciens, & en
prendrons vne autre, assauoir l'Epacte.

De l'Epacte.

CHAPITRE   X.

EPACTE est vn nombre variable inuenté pour
trouuer le quantiéme il est de la Lune par chacun mois. Et est dit Epacte du mot Grec *Epi,*
qui signifie *Sur* & *aucta* en vn mot surcroist : car ce nombre vient de ces onze iours du surcroist de l'An du Soleil par dessus l'An de la Lune. Car l'An de douze Lunes
ne contient que trois cens cinquante quatre iours, &
l'An du Soleil trois cens soixante cinq iours. Et pour ceste cause, le premier An du Cycle Lunaire n'a aucune
Epacte, pource que nul An n'a precedé, duquel on peut
prendre onze. Le second An à onze pour Epacte : car
l'Epacte vient de ces onze iours là, desquels l'An Solaire
excede l'An Lunaire. Le troisiéme An a vingtdeux, pour
ce qu'onze iours sont tousiours adioustez, s'il ne passe 30.
Que s'il surpasse 30. il les faut reietter, & le reste sera

                                          D F

l'Epacte de çeſt an là. Chacune Lune ſelon ſon cours à
vingtneuf iours 12. heures, qui valent 354. iours, demeurent onze iours pour l'an du Soleil que l'on a touſiours
adiouſté à l'an de la Lune. Comme nous voyons meſmes au liure de Geneſe 7 chap. ou Moyſe voulant monſtrer le Deluge des eauës auoir couuert par l'eſpace d'vn
An la face de la terre, il dit que Noé entra en l'Arche au
17. iour du ſecond mois, & en ſortit au 27. iour de ce
meſme mois l'an reuolu, ou nous voyons qu'il adiouſte
aux douze Lunes dix iours pour l'Epacte, ou ſurcroiſt
de l'an du Soleil par deſſus l'an de douze Lunes. Car les
Hebrieux contoyent les ans par les Lunes, y adiouſtant
l'Epacte du Soleil. Que ſi nous voulons ſçauoir le quantiéme An il ſera du Cycle de la Lune, ou Epacte, il faut
adiouſter 1. aux ans de noſtre ſalut, pour 1. qui eſtoit
paſſé lors de la natiuité de noſtre Seigneur, & partir par
xix. & le reſte de la partition demonſtre le Cycle courant, & le nombre venu de la partition demonſtre les
Cycles paſſez depuis la natiuité, ou ſi on ne ſçait le chif-
fre, faut reietter 19. autant que lon pourra, & le reſte ſera
le Cycle courant. Exemple, partiſſez 1584 par 19. & en
vient 83 qui ſont les Cycles paſſez depuis la natiuité,
& reſte 7. auquel nombre nous adiouſtons 1. pour vn
An paſſé lors de la natiuité, & font 8. qui eſt le nombre
d'Or, ou Cycle Lunaire pour ceſte annee 1584. & l'annee ſuyuante nous aurons 9. & ainſi iuſques à 19. puis on
retourne à vn. Le nombre d'Or ou Cycle Lunaire vient
dont de ce ſurcroiſt de l'an du Soleil par deſſus l'an de la
Lune, & eſt le nombre des Epactes à parler proprement:
car il prouient de ce ſurcroiſt, combien que l'on ait mis
par cy deuant differéce entre iceluy & l'Epacte, laquelle

on forme d'iceluy en ceſte maniere. On poſe 10. ſur la
racine du poulce, 20. ſur la ſeconde iointure, & 30. ſur
le ſommet d'iceluy, puis on fait courir là deſſus le nombre d'Or iuſques au nombre courant, & là où il tombe
on adiouſte les deux nombres enſemble, & cela eſt l'E-
pacte, s'il ne paſſe 30. que s'il paſſe on les reiette, & le reſte
eſt auſſi l'Epacte. Exemple, on fait courir le nombre
d'Or de ceſte annee 1584. qui eſt 8. ſur le poulce, comme
dit eſt, & il tombe ſur la ſeconde iointure ou il y a 20.
& ces deux nombres enſemble font 28. nous auôns dôc
28. pour Epacte ceſte annee : mais à raiſon de la correction du Calendier & des 10. iours retranchez, nous ne
contôs que 18. & ne peut plus eſtre ainſi formee ni trouuee pour l'aduenir, mais la trouuerons ſeulement par la
table du Calédier reformé qui eſt cy apres, ou elle croiſt
tous les ans d'onze, & ne paſſe point trente. Ou bien ſi
nous la voulons trouuer d'oreſnauant par le nombre
d'Or, faut luy faire faire le ſaut de dix, comme au lieu de
conter 28. ne faut conter que 18. & ainſi en rabatre touſiours dix du nombre qu'on aura trouué, à cauſe du retranchement.

De l'Emboliſme.

CHAPITRE XL.

TOVCHANT l'Emboliſme ou ſaut de la Lune,
il faut noter que Emboliſme ſignifie le ſurcroiſt de l'an du Soleil par deſſus l'an de la Lune. Pource donques que l'an du Soleil excede l'an de la
Lune d'onze iours, de ceſt excez ſont conſtituees ſept
Lunaiſons en xix. ans du Cycle Lunaire par la multipli-

D ij

cation de ces onze iours, & sont dites en Latin Lunaisons Embolismales, vne chacune desquelles est de 30.
iours, & sont attribuees aux sept ans Embolismaux : de
sorte qu'en chacun Cycle Lunaire sont sept ans Embolismaux & douze communs. Il est appellé An Embolisme, pour ce que depuis le 14. iour de la Lune de la Pasque precedente iusques au 14. iour de la Lune de la Pasque suyuante y a treze Lunes ou treze mois Lunaires:
c'est à dire 384. iours, & cest An a esté reuelé au sainct
Prophete Moyse. Mais l'an commun à seulement douze Lunes, c'est à dire 354. iours. L'ordre commun de ces
ans cómuns & Embolismes sera cognu par ceste ligne.
Commun commun Embolisme, commun commun
Embolisme, commun Embolisme, commun commun
Embolisme, commun commun Embolisme, commun
Embolisme, commun cómun Embolisme. Le premier
an Embolisme aduient au troisiéme an du Cycle Lunaire, & en cest an là y a treze Lunes entre les deux Pasques, qui sont 384. iours. Le second au sixiéme an. Le
troisiéme au huitiéme an. Le quatriéme à l'onziéme an.
Le 5. au 14. an. Le 6. au 16. an. Le 7. au 19. an.

Du nombre d'Or, ou Cycle de la Lune.

CHAPITRE XII.

LE nombre d'Or est ce nombre là qui est mis
au Calendier, lequel en chacun mois demonstre la prime ou nouuelle Lune, inuenté pour
corriger les erreurs priuees, & conuient dixneuf annees.
Il est dit nombre d'Or par similitude, car comme l'or

excelle tous metaux , ainſi fait ce nombre tous autres
nombres Lunaires. Auſſi eſt-il ainſi dit pour l'vtilité d'i-
celuy , & pour ce qu'il eſtoit anciennement eſcrit en lettre d'or. Iules Ceſar eſt dit auoir eſté inuenteur d'iceluy,
ou l'auoir apporté d'Egipte à Rome , auec le Cycle Solaire. Ce nombre ſe commence par 3. & ne paſſe point
19. Il eſt formé de ce nombre ternaire qui eſt mis aux
anciens Calendiers le premier iour de Ianuier, à iceluy
on adiouſte 8. & font onze , lequel nombre ſe met ſur le
troiſiéme iour de Ianuier. A onze on adiouſte 8. & font
19. lequel nombre ſe met auec interuale ſur la cinquiéme lettre de Ianuier. Item à 19. on adiouſte huit, & font
27. mais pource que ce nombre ne paſſe point 19. iceux
reiettez reſte 8. qui doit eſtre mis apres 19. ſans interuale,
& faut ainſi proceder par tout le Calendier. Il eſt donc
manifeſte que quád vn plus grand nóbre ſuit vn moindre , on doibt laiſſer lors vne lettre entre l'vn & l'autre
nombre:& quand vn moindre ſuit vn plus grand, on ne
doibt lors faire aucune intermiſſion de lettre. Touteſ-
fois ceſte formation la trompe en tout mois per, duquel
la Lune eſt de xxix. iours, aſſauoir en Feurier, Auril,
Iuin, Aouſt, Octobre, & Decembre, auſquels apres vn
moindre nombre , vn plus grand ſans interualle ſuit au
commencement du mois, comme en Feurier apres 11.
ſuit 19. ſans interualle, aſſauoir ſur la premiere F. de Feurier, ſur le premier E. d'Auril, ſur le premier A. de Iuin,
ſur le premier D. d'Aouſt , ſur le premier C. d'Octobre,
ſur le ſecond G. de Decembre.

CHAPITRE XIII.

Evx qui vſent du Compoſt & Calendier ſur la main, ont c̄es deux verſets de l'ancien Compoſt, leſquels nous mettrons ici auec leurs valeurs à l'endroit de chacune ſyllabe, & exceptions par chacun mois.

Ter.nus.vn.din.nod.oc.to.ſexd.quin.que.tred. am.bo.de.c̄e.doc.
  3.   11. 19. 8. 16. 5.   13. 2. 10. 18.

Sep.tem.quind.quar.tus.dud.io. ta. no. uem.deps.ſex. tus. quat.
  7.   15. 4.   12. 1. 9   17. 6.   14.

Ces deux verſets contiennent 30. ſyllabes, dont y en a 19. qui ſont en valeur, les autres ne valét rien, ſinon pour monſtrer l'interuale qui ſe met au Calendier entre les nombres. La premiere ſyllabe *Ter*, ſe met ſur le premier iour de Ianuier *nus*, ſeconde ſyllabe, ſur le ſecond iour, & ainſi conſecutiuement iuſques à la fin du Calendier. Mais il y a ſix exceptions comme nous auons deſia dit, pour les mois pers qui n'ont que xxix. iours de Lune. Feurier n'a point de *din*, en Auril faut laiſſer *to*, en Iuin & Aouſt ſemblablement, en Octobre *que*, & en Decembre *bo*, ou bien il faut prononcer ces ſyllabes auec leur precedente tout en vn mot. A la fin de Iuillet faut dire *vn noddin*, non pas *vndin nod*. Ceux qui vſent de ce Compoſt & Calendier, ſoit ſur la main ou autrement, ou le nombre d'Or eſt ainſi dreſſé ; aſſauoir ou le nombre de 3. eſt au premier iour de Ianuier, ils reculent ou retrogradēt touſiours de cinq iours apres le nombre d'Or trouué, pource que la Lune n'eſt plus nouuelle vis à vis du nombre d'or comme elle eſtoit anciennement, & ceci eſt aduènu pour auoir trop dóné de minutes au cours

de la Lune, le pareil eſt aduenu à l'An du Soleil. Cela à
fait reculer au Calendier, & non pas au ciel les Solſtices
& Equinoxes, & le nombre d'or, ou Cycle Lunaire.
On a mis en quelques Calendiers 19. à l'endroit du premier iour de Ianuier, faiſant reculer 3. de cinq iours, &
en ceſte maniere la Lune eſtoit nouuelle le iour vis à vis
duquel eſtoit le nombre d'or: mais auiourd'huy à raiſon
du retranchemét des dix iours & reformatió du Calendier, ce nombre d'or ſera inutile, ſinon pour trouuer &
former l'Epacte, comme il ſera dit cy apres: ſi d'auentu-
re nous ne luy voulons faire faire vn ſaut, & au lieu de
conter 8. en 1584. nous ne voulons conter 18. & 19. pour
1585. Et en ce faiſant ainſi pour l'aduenir, nous trouue-
rions la Lune nouuelle en reculant de cinq iours à conter du iour du nombre d'or, ou au premier iour de Ianuier il y a trois: mais de peur de ſe brouiller, ie ſuis pluſtoſt d'aduis ſuyure la reformation du Calendier que
autrement, tant ſur la main que ſur le liure. Car il ſera
encores plus facile appliquer ſur la main l'Epacte reformee, que le nombre d'or, comme nous monſtrerons cy
apres, mais deuant que ce faire nous mettrons icy vn
extraict du Calendier Gregorian à ce propos.

Notable extraict du Calendier Gregorian perpetuel.

CHAPITRE XIIII.

L'EGLISE Romaine a vſé iuſques à preſent de
ce Cycle de 19. annees du nombre d'Or, diſtribué par les iours du Calédier, tant pour cercher
les conionctions du Soleil & de la Lune, que pour trou-

uer principallement le iour de la feste de Pasques & des
autres festes mobiles: Car les anciens pensoient que l'espace de 19. annees Solaires estant passé, les Lunes reue-
noyent exactement au mesme iour, & à l'heure mesme:
ce que toutesfois n'est pas vray, veu qu'elles retournent
en mesme endroit quelque peu de temps auant que l'espace de 19. ans Solaires soit precisémét accomply. Dont
il est aduenu que les nouuelles Lunes sont maintenant
eslongnees du nombre d'or de plus de quatre iours dans
le vieux Calendier Romain, & par ce moyen la feste de
Pasques est bien souuent celebree apres le vingtvniéme
iour de la Lune contre l'ordonnance & institution de
nos majeurs. A raison dequoy ce Cycle du nombre d'or
a esté trouué maintenant du tout inutile, pour monstrer
les nouuelles Lunes, & les festes mobiles, & sera d'oresnauant inutile de plus en plus à cest effet, tant à raison
des dix iours qui ont esté retranchez que pour les trois
Bissextes qu'il faut laisser de quatre cens en quatre cens
ans. On a donques mis & substitué dans le Calendier en
la place du nombre d'or, vn Cycle des Epactes, compo-
sé de 30. nombres Epactaux, lequel à la verité n'est autre
chose qu'vn Cycle de 19. annees du nombre d'or egalisé.
De maniere qu'il sert tout autant que feroit le nombre
d'or. Nous vserons donques d'oresnauant du nombre
d'or, non pas pour cercher les nouuelles Lunes & les festes mobiles, mais pour trouuer l'Epacte par vne table
qui ensuit extraicte dudit Calendier.

                                              Table

Table des Epactes rapportees au nombre d'or, depuis le 15. d'Octobre, l'an de la correction 1582. apres en auoir osté x. iours iusques à l'an 1700. exclusiuement.

6	7.	8.	9.	10.	11.	12.	13.	14.	15.	*Nombre d'or.*
xxvi.	vii.	xviii.	xxix.	x.	xxi.	ii.	xiii.	xxiiii.	V.	*Epacte.*

16.	17.	18.	19.	1.	2.	3.	4.	5.
xvi.	xxvii.	viii.	xix.	i.	xii.	xxiii.	iiii.	xv.

Du Calendier ou Compost sur la main.

CHAPITRE XV.

POVRCE que les Imprimeurs peuuent faillir quelquefois à mettre les nombres, & en ce faisant le Marinier qui se fieroit en cela, pensant auoir le iour de la Lune, se trouueroit en faute, & par ce moyen pourroit perir en la mer, laquelle se gouuerne du tout par le cours de la Lune, pource aussi qu'on ne peut pas auoir tousiours le liure au poing, nous auons icy mis le moyen de pratiquer le Calendier sur la main qui est chose gentille & beaucoup plus seure que le liure: car il n'en peut aduenir faute. Pour dresser doncques le Calendier sur la main, nous auons icy figuré la Senestre tant dehors que dedans, & sur les 28. ioinctures des quatre doigts d'icelle y auons appliqué les sept lettres du Calendier sur chacun des quatre doigts d'icelle (laissans le poulce.) A, B, C, sont dehors. D, E, F, dedans. G, dessus selon cest ancien verset.

A, B, C, *sunt extra.* D, E, F, *manent infra.* G. *supra.*

E   G.

Nous appliquons par dehors A, ſur les premieres iointures des quatre doigts de la ſeneſtre pres de l'ongle. B,
ſur les ſecondes, C, ſur les tierces. D, ſur les premieres
iointures au dedans. E, ſur les ſecondes. F, ſur les tierces,
& G, ſur le bout des doigts. Nous commençons les mois
ſelon ceſt ancien verſet.

A, dam, de, ge, bat, er, go, ci, foſ, a, dri, foſ.

Suyuant iceluy nous poſons Ianuier ſur l'A, du petit
doigt. Feurier & Mars ſur le D, du meſme doigt. Auril ſur
le G, du meſme doigt. May ſur le B, du medecin. Iuin ſur
l'E, de ce meſme doigt, & Iuillet ſur le G, de ce meſme
doigt. Aouſt ſur le C, du maiſtre ou plus long doigt.
Septembre ſur l'F, de ce meſme doigt. Octobre ſur l'A,
du doigt demonſtratif qui eſt le premier apres le poulce. Nouembre ſur le D, de ce meſme doigt, & Decembre
ſur l'F, de ce meſme doigt. Et ſi nous voulons trouuer la
nouuelle Lune par l'Epacte reformee qui eſt compoſee
du nombre de 30 il faut mettre ſur la main comme auſſi
il y a au Calendier reformé 30. ou vne eſtoille qui autant
vaut ſur le premier iour de Ianuier, & 29. ſur le ſecond
iour, & ainſi conſecutiuement en reculant iuſques au
nombre d'Epacte courant, & ou il tombera ſera le iour
de la prime ou nouuelle Lune, & les iours enſuyuans par
ordre ſeront les iours de la Lune. Exemple, en c'eſt an
1584. nous auons ſuyuant la reformation 18. pour Epacte; ce nombre tombe ſur le 13. iour de Ianuier, nous aurons donques ce iour là le premier iour de la Lune, & les
autres iours enſuyuans ſeront les iours d'icelle, & faut
ainſi faire en tous les autres mois, leſquels ſe commen-
ceront en ceſte ſorte. Ianuier & Mars par 30*, Feurier &
Auril par 29. May par 28. Iuin par 27. Iuillet par 26.

Aouſt par 25. & 24. tout à la fois & ſur vn meſme iour.
Septembre par 23. Octobre par 22. Nouembre par 21.
Decembre par 20. Notez que par chacun mois le nombre de l'Epacte va diminuant d'vn iour, depuis le mois
de Mars, excepté que ſur le premier iour d'Aouſt il y a
25. & 24. Il y a des exceptions en Feurier, on conte 25. &
24. tout en vn iour : en Auril, Iuin, Aouſt, Septembre, &
Nouembre pareillement, & cela ſe fait pour les Lunes
de 29. iours, & pour pareille raiſon que au nombre d'or
on laiſſe des ſyllabes, ou on prononce deux ſyllabes enſemble.

Les mois ſe commencent ainſi en l'ancien Compoſt,
Ianuier & Mars ſe cómencent par *Ter*. Feurier, & Auril
par *nus*. May par *vn*. Iuin par *din*. Iuillet par *nod*. Aouſt
par *octo*. Septembre & Octobre par *ſexd*. Nouembre &
Decembre par *que*. Les exceptions ſont cy deſſus. Ceſte
maniere ne peut plus ſeruir à cauſe du retranchement
des dix iours, ſinon que nous voulions prendre pour ce-
ſte annee 1584. | 18. pour nombre d'or, au lieu de 8. car ce
nombre eſt ſauté de dix iours : & en ce faiſant nous trouuerons la nouuelle Lune, tant au vieil Calendier que ſur
la main comme de couſtume, en reculant de cinq iours
du iour ou tombe ce nombre d'or 18. Et pour l'annee
qui vient 1585. faudroit conter 19. & puis recommencer
à 1. & ainſi y auroit touſiours difference de dix entre le
nombre d'or du Calendier reformé, & celuy du vieil
Calendier. Ils reuiennent l'vn à l'autre comme l'experience le manifeſte. Pour l'annee paſſee 1583. ie contois
touſiours 17. pour nombre d'or au lieu de 7. & ie trou-
uois ainſi les nouuelles Lunes ſelon le moyen mouuement en reculant de cinq iours : car la Lune n'eſt plus

nouuelle le iour vis à vis duquel eſt le nombre d'or, ou le Calendier ſe commence par 3. Ie di ſelon le moyen mouuement : car le vray mouuement ſe trouue par les tables iournelles du mouuement des Aſtres des Aſtrologues qu'auons miſes apres la Declinaiſon du Soleil. Ainſi doncques on trouue par l'Epacte & nombre d'or, la nouuelle Lune à peu pres de ſon vray iour & heure. Et pour trouuer quelque difference entre ces deux manieres comme d'vn iour, ne faut chopper pour cela : car il ne faut qu'vne heure ou deux pour faire trouuer ceſte difference.

Pour trouuer les feſtes fixes, faut ainſi commencer les mois comme à trouuer la nouuelle Lune, & appliquer chacune ſyllabe des anciens Quatrains ſeruans à ceſt effect ſur chacune ioincture, & regarder ſur la quatriéme ioincture du mois tombe la ſyllabe, demôſtrant la feſte, & ce iour ſera la feſte.

Qui voudra vſer de l'Epacte ancienne, on le pourra encores faire pour trouuer le quantiéme de la Lune: il ſera tous les iours, pourueu qu'on rabatte touſiours dix iours, à conter du iour qu'on aura trouué, à cauſe du retranchement des dix iours: comme ſi on trouue 25. ce ne ſera que le 15. iour. Exemple, en ceſt An 1586. le 25. iour de Iannier, nous contons encores 9. ſelon l'ancienne Epacte, durante iuſques au mois de Mars, à ce nombre nous adiouſtons les mois paſſez (commençant au mois de Mars, qui ſont onze:) & le nombre des iours du mois courant, qui ſont 25. & le produit eſt 45. Duquel nombre il faut premierement oſter 30. car la Lune ne paſſe point trente iours, & puis nous oſtons encores dix iours pour la raiſon que deſſus, & reſte 5. Nous dirons donc que le 25. iour de Ianuier 1586. il sera le cinquiéme iour de la Lune, & le 26. iour il sera le 6. iour de la Lune, & ainsi par ordre.

Il y en a qui commencent ainsi les mois, Ianuier sur l'A du petit doigt: Feurier & Mars sur le D, du second doigt: Auril sur le G. May sur le B, du medecin. Iuin sur l'E du doigt du milieu. Iuillet sur le G, & Aoust sur C, de ce mesme doigt. Septembre sur F, du quatriéme doigt. Octobre sur A, de ce mesme doigt. Nouembre sur D, & Decembre sur F, du petit doigt, & font aussi seruir le poulce auec ses ioinctures & bout d'iceluy.

Enfuit la figure de la Seneftre, demonftrant comme
il faut appliquer les fept lettres du Calendier fur les 28.
ioinctures d'icelle, non comprins le poulce.

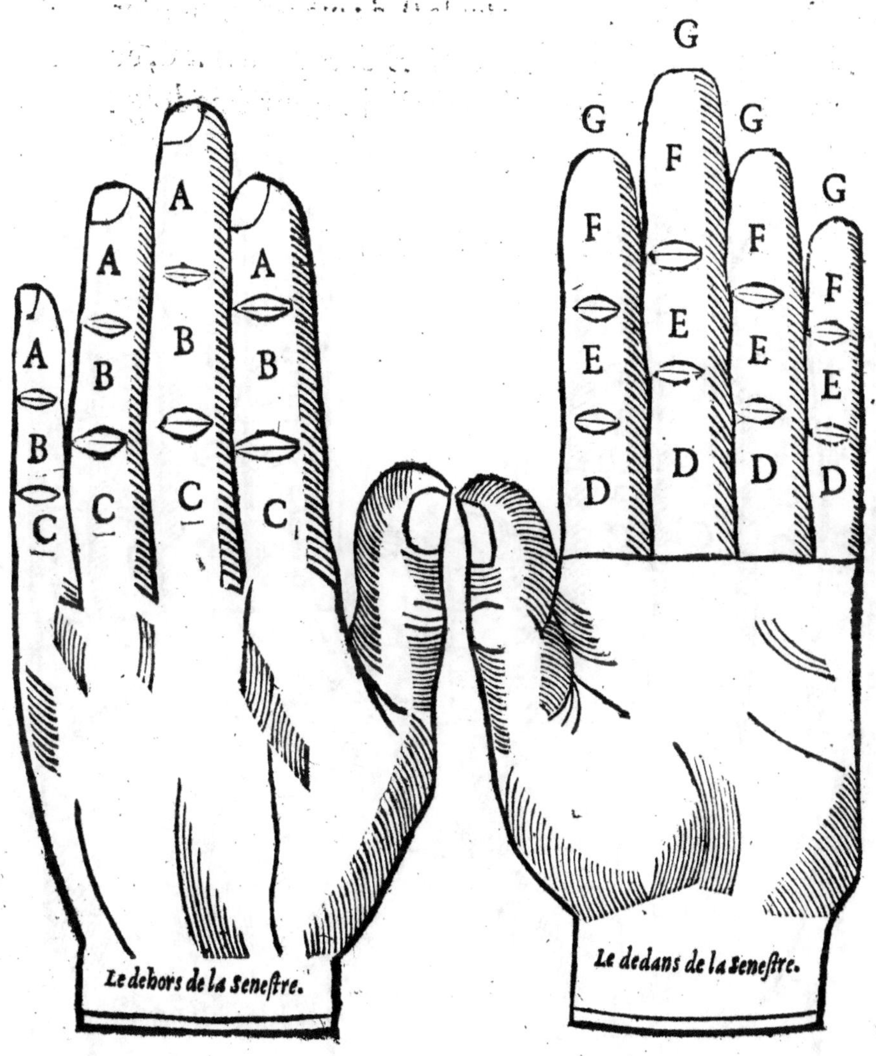

Enſuit la figure de la Seneſtre, tant dehors que de
dans, ſur les 28. ioinctures des quatre doigts, de laquelle
nous auons appliqué les ſept lettres du Calendier, auec
les douze mois, auec demonſtration ſur quelle ioincture, & par quelle lettre ils commencent.

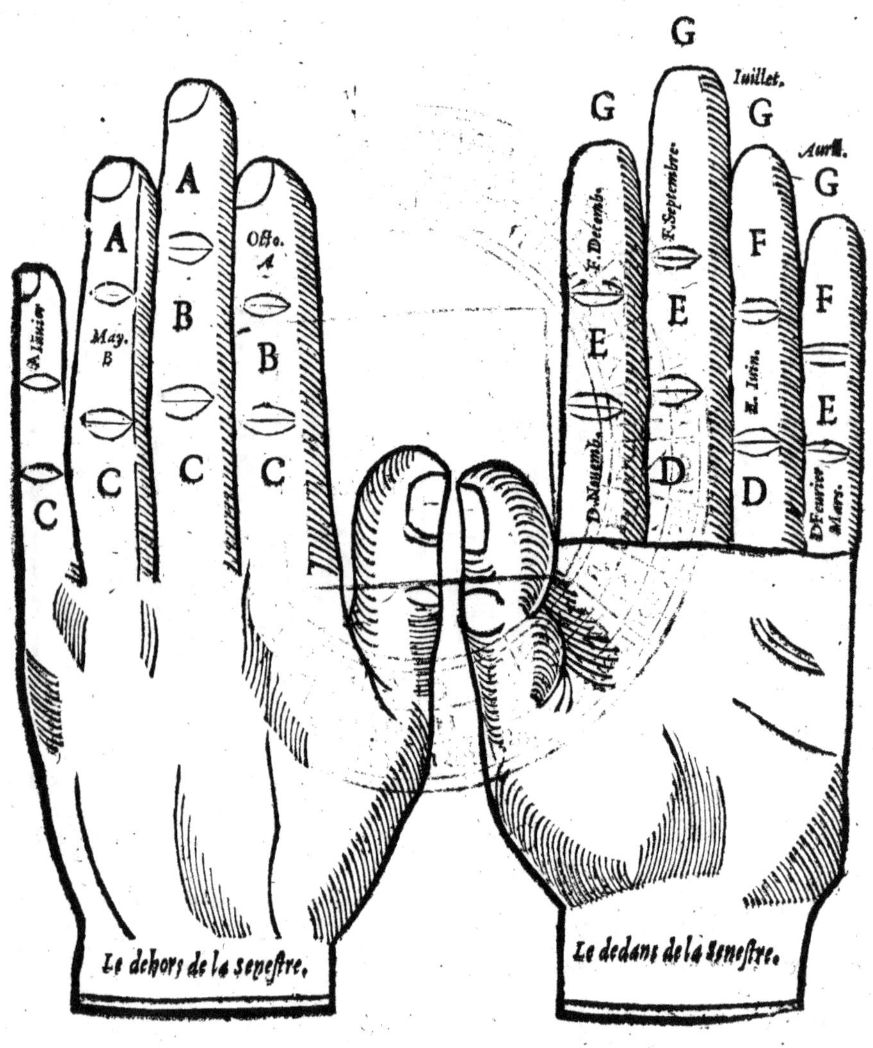

Encores que cy deſſus nous ayons parlé du Cycle Solaire, ſi eſt-ce qu'en ceſt endroit nous en mettrons encores deux figures, leſquelles ſont fort neceſſaires pour
iceluy ſçauoir, & cognoiſtre la lettre Dominicale par
chacun an , leſquelles figures auoyent eſté obmiſes à
mettre en leur reng, & lieu. Apres 1611. faudra recómen-
cer comme auparauant, de ſorte que ſur 1584 il faudra
conter 1612. & continuer ainſi iuſques à la fin.

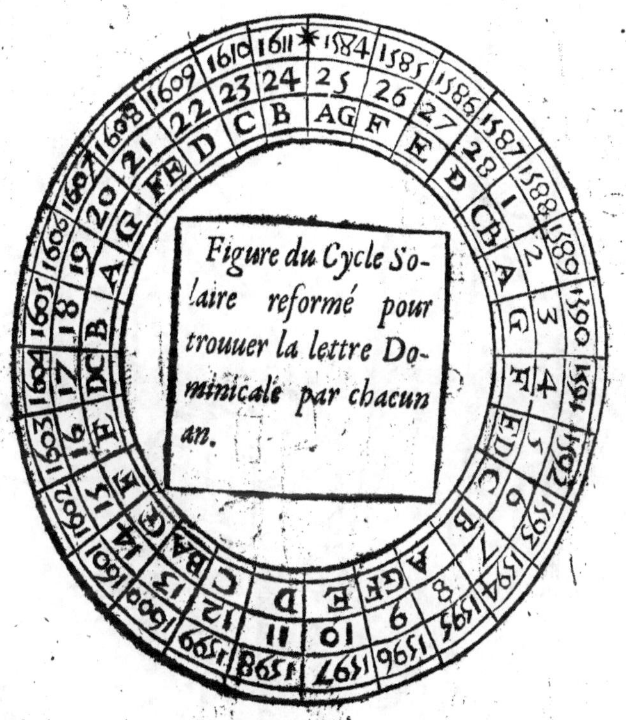

Autre figure du Cycle Solaire pour trouuer la lettre
Dominicale ſur les 28. ioinctures de la Seneſtre, non
comprins le poulce, commençant depuis l'an 1585. &
durant iuſques à l'an 1612. incluſiuement, apres lequel
an il faudra recommencer comme au precedent, & continuer ainſi iuſques à 400. ans qu'il faudra retrancher
trois iours du Calendier , pour les trois biſſextes qu'il
faudra

faudra obmettre à cause de la precession des Equinoxes
& Solstices au Calendier, laquelle vient de six heures
entieres, donnees au cours de l'an du Soleil, lesquelles
de 4. en 4. ans font l'an de Bissexte, sans rabattre les minutes qu'ils en faut des 5. heures, lesquelles de 136. en 136.
ans font vn iour naturel, lequel iour il faudroit obmettre en l'an de Bissexte.

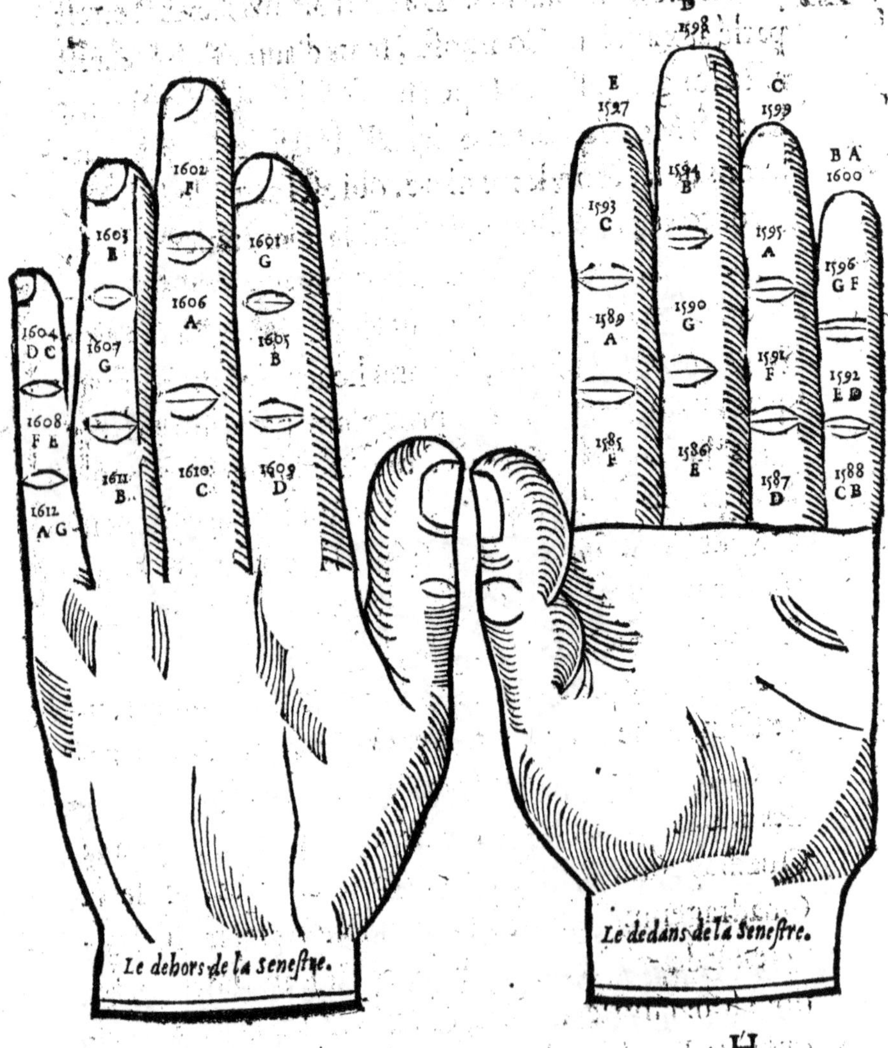

Du terme de Pasques & des autres festes mobiles.

CHAPITRE XVI.

DV terme de Pasques, il y a trois manieres de le trouuer. La premiere par les clefs Mosaïques. La seconde par l'aage de la Lune. La troisiéme par les tables manuelles. De ces trois manieres il en est parlé aux anciens Composts, mais d'autant que cela est assez long, & difficile, & peu profitable, principallement les clefs Mosaïques, nous delaisserons là les clefs, & parlerons de la seconde maniere, qui est l'aage de la Lune, le conte de laquelle on suit selon la coustume des Iuifs, dequoy telle reigle est donnee. Prenez le iour de la Lune quelconque il soit en la feste de l'Epiphane, nommee vulgairement les Rois, & paracheuez de compter iusques à quarante iours en procedant par ordre par les iours du Calendier, & s'il est bissexte iusques à xli. iour, & au prochain Dimenche ensuyuant sera le commencement de la Septuagesime : que si ce iour 40. ou 41. tombe au Dimenche, elle sera le Dimenche ensuyuant. Que s'il tombe au Samedi, & est Bissexte, faudra laisser ce Dimenche prochain de ce Samedi, & prendrez l'autre Dimenche ensuyuant. Ayant donques la Septuagesime tu peux facilement sçauoir les termes des autres festes mobiles : car depuis la Septuagesime iusques à la Quadragesime y a trois sepmaines entieres, & de la Quadragesime iusques à Pasques sont six sepmaines entieres : & depuis la Pasque iusques au Lundi des Rogations sont cinq sepmaines, & vn iour. De la Pasque iusques à la Penthecoste y a cinquante iours qui sont sept

ſepmaines. Item le ~~prochain~~ Dimenche qui eſt apres la
pleine Lune qui ſuit le iour ſaint Benoiſt, qui eſt le 21.
iour de Mars eſt touſiours la Paſque, que ſi la pleine Lune aduient au Dimenche, la Paſque ſera le Dimenche
enſuyuant. Il y a aſſez d'autres telles reigles, la multitude
deſquelles apporteroit pluſtoſt ici confuſion que eluci-
dation. Il y a auſſi vne autre maniere de trouuer la Paſque
par le nombre d'or : mais ceſte table ancienne a eſté reformee, & au lieu d'icelle on a mis vne table des Epactes,
laquelle nous auons miſe ici pour plus grande ſeureté,
afin de conferer enſemble l'vne & l'autre maniere.

Par le decret du Concile de Nice, qui fut celebré l'an
trois cens vingt & deux, apres l'Incarnation de noſtre
Seigneur Ieſus Chriſt, du temps de Conſtantin le grand
premier Empereur Chreſtien, la Paſque ce celebre touſiours le prochain Dimenche d'apres la pleine Lune, qui
ſuit l'Equinoxe vernal, qui eſt l'entree du Soleil au ſigne
du Belier, & ce ſur peine d'anatheme : mais les Iuifs la ce-
lebrent le prochain iour de repos, qui ſuit ceſte pleine
Lune, (combien que par l'inſtitution d'icelle, ils la doi-
uent celebrer le iour meſme de la pleine Lune Exo. dou-
zieſme chapitre) differans ceſte feſte au iour du Sabath
par la tradition de leurs Majeurs. Or pour leuer ceſt anatheme, d'autant que de noſtre temps la Paſque ce cele-
broit contre le decret du Concile, à cauſe de l'erreur ſur-
uenu au Calendier. L'Egliſe Romaine a retranché dix
iours en vne annee, & ſuit le decret dudit Concile : mais
elle ne prend pas le iour de la pleine Lune, comme font
les aſtronomes ſelon le vray mouuement, mais ſelon
ſon moyen, & par l'Epacte ne ſe ſouciant des minutes.

H ij

Table Paschale nouuelle reformee.

Lettres dominicales.	Cycle des Epactes.	Septuagésime.	Le iour des Cendres.	La Pasque.	Ascension.	Penthecoste.	La Feste Dieu.	Les Dimêches entre la Pêt. & Aduent.	Le 1. Dimêche de l'aduent.
D	23.	18. Ian.	4. Feu.	22. Mars	30. Auril	10. May	21. May	28	29.
	22.21.20.19.18.17.16.	25. Ian.	11. Feu.	29. Mars	7. May	17. May	28. May	27	29.
	15.14.13.12.11.10.9.	1. Feu.	18. Feu.	5. Auril	14. May	24. May	4. Iuin	26	29. No.
	8.7.6.5.4.3.2.	8. Feu.	25. Feu.	12. Auril	21. May	31. May	11. Iuin	25	29.
	1.*29.28.27.26.XXV.25.24.	15. Feu.	4. Mars	19. Auril	28. May	7. Iuin	18. Iuin	24	29.
E	23.22	19. Ian.	5. Feu.	23. Mars	1. May	11. May	22. May	28	30.
	21.20.19.18.17.16.15.	26. Ian.	12. Feu.	30. Mars	8. May	18. May	29. May	27	30.
	14.13.12.11.10.9.8.	2. Feu.	19. Feu.	6. Auril	15. May	25. May	5. Iuin	26	30. No.
	7.6.5.4.3.2.1.	9. Feu.	26. Feu.	13. Auril	22. May	1. Iuin	12. Iuin	25	30.
	*29.28.27.26.XXV.25.26.	16. Feu.	5. Mars	20. Auril	29. May	8. Iuin	19. Iuin	24	30.
F	23.22.21.	20. Ian.	6. Feu.	24. Mars	2. May	12. May	23. May	28	1.
	20.19.18.17.16.15.14.	27. Ian.	13. Feu.	31. Mars	9. May	19. May	30. May	27	1.
	13.12.11.10.9.8.7.6.	3. Feu.	20. Feu.	7. Auril	16. May	26. May	6. Iuin	26	1. Dec.
	5.4.3.2.1.*	10. Feu.	27. Feu.	14. Auril	23. May	2. Iuin	13. Iuin	25	1.
	29.28.27.26.XXV.25.24.	17. Feu.	6. Mars	21. Auril	30. May	9. Iuin	20. Iuin	24	1.
G	23.22.21.20.	21. Ian.	7. Feu.	25. Mars	3. May	13. May	24. May	28	2.
	19.18.17.16.15.14.13.	28. Ian.	14. Feu.	1. Auril	10. May	20. May	31. May	27	2.
	12.11.10.9.8.7.6.	4. Feu.	21. Feu.	8. Auril	17. May	27. May	7. Iuin	26	2. Dec.
	5.4.3.2.1.*29.	11. Feu.	28. Feu.	15. Auril	24. May	3. Iuin	14. Iuin	25	2.
	28.27.26.XXV.25.24.	18. Feu.	7. Mars	22. Auril	31. May	10. Iuin	21. Iuin	24	2.
A	23.22.21.20.19.	22. Ian.	8. Feu.	26. Mars	4. May	14. May	25. May	28	3.
	18.17.16.15.14.13.12.	29. Ian.	15. Feu.	2. Auril	11. May	21. May	1. Iuin	27	3.
	11.10.9.8.7.6.5.	5. Feu.	22. Feu.	9. Auril	18. May	28. May	8. Iuin	26	3. Dec.
	4.3.2.1.*29.28.	12. Feu.	1. Mars	16. Auril	25. May	4. Iuin	15. Iuin	25	3.
	27.26.XXV.25.24.	19. Feu.	8. Mars	23. Auril	1. Iuin	11. Iuin	22. Iuin	24	3.
B	23.22.21.20.19.18.	23. Ian.	9. Feu.	27. Mars	5. May	15. May	26. May	27	27.
	17.16.15.14.13.12.11.	30. Ian.	16. Feu.	3. Auril	12. May	22. May	2. Iuin	26	27.
	10.9.8.7.6.5.4.	6. Feu.	23. Feu.	10. Auril	19. May	29. May	9. Iuin	25	27. No.
	3.2.1.*29.28.	13. Feu.	2. Mars	17. Auril	26. May	5. Iuin	16. Iuin	24	27.
	27.26.XXV.25.24.	20. Feu.	9. Mars	24. Auril	2. Iuin	12. Iuin	23. Iuin	23	27.
C	23.22.21.20.19.18.17.	24. Ian.	10. Feu.	28. Mars	6. May	16. May	27. May	27	28.
	16.15.14.13.12.11.10.	31. Ian.	17. Feu.	4. Auril	13. May	23. May	3. Iuin	26	28.
	9.8.7.6.5.4.3.	7. Feu.	24. Feu.	11. Auril	20. May	30. May	10. Iuin	25	28. No.
	2.1.*29.28.27.26.XXV.	14. Feu.	3. Mars	18. Auril	27. May	6. Iuin	17. Iuin	24	28.
	25.24.	21. Feu.	10. Mars	25. Auril	3. Iuin	13. Iuin	24. Iuin	23	28.

Par ceste table Paschale reformee, les festes mobiles seront trouuees en ceste maniere, à l'endroit de la lettre Dominicale courãt, soit cerchee l'Epacte, car vis à vis toutes
les festes mobiles seront trouuees côme 1585. en la cellule
de la lettre dominicale F. lors courant à l'endroit de l'E-

pacte 29. qui court en ce mesme an : La Septuagesime,
c'est à dire le Dimenche qui est 70. iours deuant Pasques
est le 17. de Feurier. Le iour des Cendres le 6. de Mars, &
Pasques le 21. d'Auril. Mais aux ans Bissextils, il faut
trouuer toutes les festes mobiles par la lettre Dominicale posterieure, assauoir celle qui court apres la feste saint
Matthias Apostre, afin que nous ne doutions laquelle
des deux lettres nous deuõs prendre pour trouuer ceste
feste ici ou celle là, en sorte toutesfois qu'on adiouste vn
iour à la Septuagesime, & au iour des Cendres, estant
en Ianuier ou Feurier. Pource que deuant le iour S. Mathias court la premiere lettre Dominicale, & apres la feste S. Mathias, iaçoit que la derniere lettre coure, toutesfois lors est adiousté le iour intercalaire : de sorte que le
24. de Feurier est dit le 25. & le 25. iour est dit le 26. Que si
le iour des Cendres tombe en Mars, il ne luy faudra rien
adiouster : car alors court la lettre posterieure, & les iours
du mois respondent à leurs propres nombres, le iour intercalaire ayant esté adiousté à Feurier. Exemple. 1584.
Bissextil, l'Epacte est 18. & les lettres Dominicales A. G.
que si par G. les lettres Dominicales sont cerchees, la Septuagesime sera le 28. de Ianuier, les Cendres le 14. de Feurier : que si on adiouste vn iour, la Septuagesime tombera le 29. de Ianuier, qui est Dimenche, & les Cendres
le 15. iour de Feurier, qui est le Mercredy : mais la Pasque
& les autres festes mobiles tomberont en ces iours là ex-
primez en la table.

Table temporaire pour trouuer Pasques, & les autres Festes mobiles, nombre d'Or, & Epacte, depuis l'an 1604. iusques à l'an 1628.

Ans	l.dõi	Nõ.d'or	Ep4.	Cendres	Pasques	Ascessio.	Penthe.	Fe.Dieu	l'Advet
1604	D C	9	xxix	3.Mars	18.Auril	27.May	6.Iuin	17.Iuin	18.No.
1605	B	10	x	23.Feu.	10.Auril	19.May	29.May	9.Iuin	27.No.
1606	A	11	xxi	8.Feur.	26.Mars	4.May	14.May	25.May	3.Decé.
1607	G	12	ii	28.Feu.	15.Auril	24.May	3.May	14.Iuin	2.Decé.
1608	F E	13	xiii	20.Feu.	6.Auril	15.May	25.May	5.Iuin	30.No
1609	D	14	xxiiii	4.Mars	19.Auril	28.May	7.Iuin	18.Iuin	29.No.
1610	C	15	v	24.Feu.	11.Auril	20.May	30.May	10.Iuin	28.No.
1611	B	16	xvi	16.Feu.	3.Auril	12.May	22.May	2.Iuin	27.No
1612	A G	17	xxvii	7.Mars	22.Auril	31.May	10.Iuin	21.Iuin	2.Decé.
1613	F	18	viii	20.Feu.	7.Auril	16.May	26.May	6.Iuin	1.Decé.
1614	E	19	xix	12.Feu.	30.Mars	8.May	18.May	29.Iuin	30.No.
1615	D	1	i	4.Mars	19.Auril	28.May	7.Iuin	18.Iuin	29.No.
1616	C B	2	xii	16.Feu.	3.Auril	12.May	12.May	2.Iuin	27.No.
1617	A	3	xxiii	8.Feu.	26.Mars	4.May	14.May	25.May	3.Decé.
1618	G	4	iiii	28.Feu	15.Auril	24.May	3.Iuin	14.Iuin	2.Decé.
1619	F	5	xv	12.Feu.	30.Mars	8.May	18.May	29.May	1.Decé.
1620	E D	6	xxvi	4.Mars	19.Auril	28.May	7.Iuin	18.Iuin	1.Decé.
1621	C	7	vii	24.Feu.	11.Auril	20.May	30.May	10.Iuin	29.No.
1622	B	8	xviii	9.Feur.	27.Mars	5.May	15.May	10.Iuin	28.No.
1623	A	9	xxix	1.Mars	16.Auril	25.May	4.Iuin	15.Iuin	27.No.
1624	G F	10	x	21.Feu.	7.Auril	16.May	26.May	6.Iuin	3.Decé.
1625	E	11	xxi	12.Feu.	30.Mars	8.May	18.May	29.May	1.Decé.
1626	D	12	ii	25.Feu.	12.Auril	21.May	31.May	11.Iuin	30.No.
1627	C	13	xiii	17.Feu.	4.Auril	13.May	23.May	3.Iuin	29.No.
1628	B A	14	xxiiii	8.Mars	23.Auril	1.Iuin	11.Iuin	22.Iuin	3.Decé

L'Almanach perpetuel pour la temperature du temps.

CHAPITRE XVII.

POVRCE que du leuer & coucher des estoilles fixes auec le Soleil vient en partie la temperature du temps, qui est chose necessaire d'estre mise en vn Almanach perpetuel, pour resueiller les hómes de leur ignorance & stupidité, principallement les gens de Marine, nous auons mis en cest Almanach ou Iournal vne table contenant le leuer & coucher d'icelles, afin que ces choses soyent mieux cogneües: L'estoille de l'Arcture qui est au 17. degré du signe de Libra, entre les cuisses de Bootes de la premiere grandeur de la nature de Mars & de Iupiter se leue au vespre le vingtiéme de Mars, se couche au matin le 26. iour de Iuin, se leue au matin le 21. de Septembre, & se couche au vespre le 25. de Decembre, ceci n'aduient point sans vne gresle tempestueuse, tesmoins Columella & Pline, principallement estat excité par les rayons de la Lune, ou de Mars, & trouue aide à cela. Quand Saturne approche de l'arcture de corps ou d'aspect, il esmeut vne tempeste pluuieuse par quelques iours continuels.

Le coucher matutin des Pleiades & Hiades, que le commun appelle la poussiniere est turbulent en terre & en mer. Dont en ce temps les nauigations sont perilleuses. Ces choses sont plus veritables si Mars incite ces estoilles estant ioint à icelles. Ce coucher matutin se fait enuiron le 20. de Nouembre, & s'il aduient le ciel estant nubileux, il denonce vn Hyuer pluuieux: si le ciel est serain, l'Hyuer sera aspre: aussi la passee de Venus ou de

Mars, par les Pleiades esmeut vne tempeste pluuieuse
par quelques iours. Ces constellations sont au signe du
Toreau. Leur leuer & coucher auec le Soleil qui se fait
enuiron le vingtiéme du mois de May, apporte coustu-
mierement des pluyes douces, comme tesmoigne le liure de Iob 38. chap. disant, peux tu restraindre les delices
des Pleiades?

Le leuer matutin de Syrius, qui est le grand Chien,
qui se fait enuirõ le 10. iour d'Aoust, fait enfler & bouil-
lonner la mer, flotter les vins aux celiers, ce qui aduient
aussi au coucher apparét de la Canicule, les estangs sont
mousiez, les chiens deuiennent enragez pour la grande
siccité, les Poissons sont prins comme morts, où ne se
pouuans temuer. Il brusle tout d'vne tresgrãde chaleur,
principallemét si Mars ou Iupiter sont en Signes ignees.
Ceci se fait en Iuillet & Aoust.

Hippocrat prince des Medecins commãde de con-
siderer le leuer & coucher des Astres, principallement
du Chien, de l'Arcture, & des Pleiades, pour cognoistre
le iugement des maladies selon l'estat des temps. Iceluy
mesme fait les deux Solstices tresperilleux, principallement celuy d'Esté, & ce sans doute pour le leuer & coucher du Chien, par la chaleur duquel les corps sont re-
soults & debilitez, mesmes les deux Equinoxes, principallement celuy d'Automne, possible pour la mutation
de l'ær: car le Printemps venant le froid des corps se res-
chauffe, & les humeurs se liquefient. Au commencemét
de l'Automne le chaud se refroidit, & le corps entouré
de froid, les vapeurs s'espoississent, sont poussees au dedans, & sommes plustost malades, le corps chaud re-
fraischissant, qu'estant froid se reschauffant. Il a doncques

ques fait l'Equinoxe Automnal plus perilleux que le
Renouueau.

Ce grád image celeste Orion, auquel sont trois estoilles de suitte, qu'on nomme les trois Rois, à son leuer &
coucher, soit matutin ou vespertin, denonce les tépestes
lesquelles Vergile au 7. des Eneid. denote par ces paro-
les. Quand Orion cruel aux eaux d'Hyuer se couche. Et
au 1. des Eneid. D'vn flot subit s'esleue le neigeux Orion.
De cest Astre le mois de Nouébre est nómé Kisleu entre les Hebrieux, assauoir d'Orion, lequel ils nomment
Kesil, à cause de son instabilité & tempestes, cóme estiment les doctes. Son nom est en Zacharie, & aux li. des
Machabees. Amos 5. *Facientem Arcturum, & Orionem.* &
Iob 8. *Facientem Arcturum, & Orionem, & stellas Hyadas.* &
38. dit Iob, & deslier les tempestes d'Orion. Autres y a
qui estiment que cest Astre a esté nommé Orion, pour
ce qu'il discerne les quatre temps de l'An. Le commencement du Printemps est le coucher apparent d'Orion.
Le commencemét de l'Esté son leuer apparét: Le commencement de l'Hiuer est son coucher mondain. Les
Poëtes meuz par raisons Astrologiques, accommodent
le nom à la nature de l'Astre. Ils disent Orion estre né de
l'vrine de Iupiter, de Neptune, & de Mercure. Et comme
ainsi soit qu'il prouoque les vents, & apporte les pluyes,
ce nom grec Ouron, c'est à dire vrine luy conuient. Ils
prennent les pluyes de Neptune, c'est à dire, des vapeurs
de la mer, lesquelles espoissies en l'air que Iupiter signifie, respandent des pluyes, & Mercure esmeut & pousse
les vents. Ils ont aussi feint qu'Orion auoir esté tué d'vn
Scorpion, par laquelle chose ils n'ont point voulu tant
seulemét signifier le leuer & coucher de ces Astres, assa-

I

uoir que montant le Scorpion se couche Orion, mais
aussi ont ensemble signifié que par les calomnies & em-
busches des meschans hommes, les hommes studieux
sont opptimez.

Les Asnons & la Cresche qui sont estoilles au premier poinct de Leo, ioints auec la Lune ont vne signi-
fication petite des pluyes. L'estoille du grand Chien se
leue au matin auec le Soleil enuiron le 10. du mois de
Aoust. La vaticination de Diaphanus est telle, que si la
Lune passe lors par Aries, il signifie vne téperature pluuieuse: si par Taurus vne tempestueuse: si par Cacer vne
siccité: si par les Gemeaux vne pestilence: si par Leo
vne chaleur bruslante: si par Virgo vne frequence de
pluyes: si par la Liure vne intemperie seche: si par Scorpion vne pestilence: si par le Sagitaire & Capricorne
vne pluuieuse: si par Aquarius vne temperature de l'an
seche & maladiue: si par les poissons denonce abódan-
ce de pluyes. A ces Aphorismes faut adiouster les causes
vniuerselles: car elles sont plus fortes que les particulieres: si elles concurrent ensemble, la vaticination en sera
plus veritable.

Or l'experience nous demonstre que les estoilles de
la nature de Saturne sont geliues & froides, & gresleuses,
celles de la nature de Iupiter venteuses & salubres, celles
de la nature de Mars tonitrueuses, comme aussi sont celles de Iupiter, mais celles de Mars sont impetueuses, sou-
daines, ignees, & tempestueuses: les estoilles meslees a-
uec Saturne sont pestilétes & suffocantes: celles qui sont
de la nature de Venus sont froides & humides: celles
qui sont de la nature de Mercure sont indifferentes: celles qui sont meslees auec Venus sont pluuieuses & pe-

ſſilentes, auec Iupiter tempeſtueuſes, auec Mars impe-
tueuſes, auec Saturne geliues. Les eſtoilles de la nature
de la Lune ſont troubles, obſcures & tenebreuſes. De la
raiſon de ceſte commixtion on pourra diſcerner quelle
ſera la nature des Signes à changer la temperature des
temps, on pourra cognbiſtre la nature des eſtoilles par
là table qui eſt cy apres.

Le leuer matutin apparent de l'eſtoille de l'Aigle vo-
lant, s'il tombe en la nouuelle Lune ou interlune nuiſt
à toutes les fleurs d'Hyuer & aduancees, les menace de
bruine.

Le coucher & leuer apparent des Vergilies, c'eſt la
pouſſiniere, & de l'Aſtre tempeſtueux des Hyades ou
l'œil du Toreau, s'il eſmeut vne temperature pluuieuſe
il ſuffoquera le germe du vin & de l'huile. Pour ceſte
cauſe Democrit, ayant preueu la cherté de l'huile ache-
ta à grand marché de l'huile, pource qu'on eſperoit a-
bondance d'oliues en toute la contree, s'eſmeruicllans
ceux qui ſçauoyent la pauureté & repos des ſciences luy
eſtre à plaiſir, & la cauſe eſtant apparuë & deuenu fort
riche, il reſtitua le gaing, eſtant content auoir ainſi de-
monſtré les richeſſes luy eſtre promptes quand il voudroit. Pline attribue la meſme choſe au liu. 18. à Sextius
Philoſophe Romain. Côme auſſi Ariſtote li. 7. des Poli,
& Ciceron au li. 1. des Diuina. attribuent cela à Thales.

Et au temps des Rogations, de noſtre temps les vi-
gnerons blaſment vne temperature humide, elles ſont
preſque au meſme temps que le coucher des vergilies
aduient. Et combien qu'ils ignorent les cauſes, toutesfois ils ont accouſtumé de diuiner par obſeruation qu'il
ne faut point attendre en vn tel an vn reuenu de vin

beaucoup ioyeux.

Le coucher vespertin de Syrius ou grand Chien, qui nous aduient de nostre temps enuiron le 4. de May, s'il suit où precede de deux iours la pleine Lune, où qu'il aduienne durant icelle. Il denonce vne roüilleure ou nuille & broüisseure aux bleds lors florissans. Parquoy les Romains pour adoucir l'iniure ou mal du Ciel, par deux iours ils celebroyent les Robigales & Florales, celles-là par le decret de Numa, & cestes ci par l'oracle des Sybiles au quatriéme des Calendes de May. A ceste imitation encores auiourd'huy par vne pompe solemnelle le iour sainct Marc, & des Rogations on fait processions à l'entour des bleds, & des fruicts. Le coucher vespertin de la Canicule, nommee Procyon, qui nous est enuiron le 15. iour de Iuin, s'il aduient en l'Interlune, il apporte vne iniure de brusleure ou broüisseure à la vigne florissante, & à l'huile germante, ainsi y a double mal du coucher vespertin du petit Chien, & grád Chien pource qu'il gaste les bleds de roüilleure, ou de bruine. De cela, le commun peuple, du iour saint Vrbain augurent mal dè la vendange.

Le leuer & coucher vespertin de l'Aigle & de l'Arcture, s'il tombe en la pleine Lune, denonce sterilité de l'huile & du vin, l'vn & l'autre lors florissant. Ainsi nos Laboureurs du iour sainct Medard, ou pluuieux ou serain prognostiquent de la moisson, ayans possible prins leur prognostication du leuer du grand Chien, qui a accoustumé de influer vne peste ou degast aux vignes, assauoir le charbon, les raisins tous brussez ou gallez.

Vand la difference du leuer & coucher des
estoilles fixes sont conferees aux Quartes de
l'an, l'experience nous conuainc de confesser
que toutes choses sont tres accommodees au ciel pour
les choses naissantes. Au Printemps la terre doit estre la-
bouree, semee & hercee : pourtant enuiron ce temps la
temperie de l'air est chaude & humide, le Soleil attouchant les estoilles de nature plus chaude, par lesquelles il
desseche la terre, & la prepare au labeur soufflans lors les
vents de dessous le Soleil, afin que l'humeur superflue
soit consommee. En apres les estoilles Pleiades, Hyades
des cheureaux d'Orion & de l'Arcture arrousent les semences, & les bleds desia leuez & grandets, & excitét ensemble vents austraux, & humides, & est vne chose me-
morable que regulierement si fortes causes ne l'empes-
chét le leuer & coucher des Hyades, sont turbides & respandent des pluyes, dont icelles prennent leur nom du
nom Grec, qui signifie pleuuoir. Les Latins les appellent
Sucules, du suc ou jus, c'est à dire pluye. Vergile appelle
les Hyades pluyes. Et Pline les appelle Astre vehemét &
turbide en terre & en mer. En ceste sorte la cheurette
qui est sur les espaulles du chartier Erichthon, denonce
cruelles tépestes, lesquelles l'Ecclesiastique cha.33. à voulu depeindre quand il dit:l'homme sage ne hait point la
loy:mais l'hypocrite est comme la nauire aux tempestes,
assauoir la cheurette se leuant. Le Soleil estant hors du
Toreau, & attouchant les Gemeaux, constellatió chaude excite vne chaleur temperee, fœcunde & conuenáte
aux choses lors naissantes, &c.

Des Estoilles Estiuales.

N Esté la temperie est chaude & seche, mais au commencement les estoilles du Cancre, principallement quand le Soleil approche aux Asnons, fournissent des pluyes aux herbes. En apres afin que les fruicts & bleds meurissent pour la moisson, lesquels requierent plus grande secheresse, se leuent les estoilles ardentes du Lyon, & de la Canicule, afin que l'humide superflu soit succé, & le reste soit meury, & ensemble sont excitez vents orientaux, soufflans sur iour, Et de là quant le Soleil est venu à la Vierge, & à l'Arcture constellation de nature humide, aqueuse, & venteuse, il excite des pluyes, & prepare la terre à nouuelle semence, ou la refait estant espuisee par la trop grande chaleur.

Des Estoilles orientes, & couchantes en Automne.

V commencement de l'Automne de nature froide & seche, le Soleil attouche les estoilles temperees de la Liure, & fait que la terre reçoiue nouuelles semences, & en quelques lieux, afin que les raisins & fruicts meurissent, il excite vents fœconds, & temperez. En apres le Soleil humecte les bleds d'Hyuer ou semez par les estoilles du Scorpion, & prepare la terre dessechee, respandant des pluyes par les estoilles opposites aux Hyades, Pleiades, Orion, & Cheureaux. Et en fin de peur que le froid soudain ne nuise aux semences, il chasse l'iniure du froid par l'aide du chaud Sagitaire, iusques à ce que les semences soient leuees, & ayent prins fermes racines.

Des estoilles Hyemales.

N LA derniere quarte laquelle est de l'Hyuer, la terre se repose, regulieremét apportant iouxte le cours de nature, vne froide constitution du ciel, quand le Soleil par son reces occupe le Capricorne, limite tresllongné de nous. En ce temps la terre est close du Capricorne froid & sec, afin que les fruicts commencez en la terre, prennent plus de force du ventre de leur mere tout l'Hyuer durant, & qu'en apres la terre relaschee soyét les bleds poussez hors par vne plus grande force. De là quand le Soleil a attouché la moyenne region du Verseau, & les Poissons, qui sont signes de nature humide & flatueuse, la constitution de l'aire est changee, & le froid remis. A ceci conferent leur vertu, les estoilles orientes de Perseus, de Pegase, d'Andromede, & des semblables, & les vents Occidentaux.

Ceste vicissitude annuelle du leuer & coucher des estoilles auec le Soleil, faisant les tresagreables changemens des temps, de l'Esté, & de l'Hyuer, de la semence, & de la moisson, des iours & des nuicts, conuainc les pensees non du tout meschantes de croire que ce grand & excellent bastiment du monde n'est pas venu par cas fortuit, mais a esté fait par la diuine pensee tres excellente architectrice. D'auantage comme ainsi soit que la longue experience demonstre y auoir à certaines estoilles vne puissance d'affecter l'air, & exciter les temperatures. L'antiquité a obserué diligemment le leuer & coucher des estoilles fixes. Ce que nous deuons aussi faire afin que par la contemplation des œuures de Dieu en

nature, nous ayons tant plus grande occasion de le cognoistre, & le cognoissant le glorifier.

Table des natures des Signes & Planettes.

Les Signes Ignees, chauds & secs, sont Aries, ♈. Leo,
♌. & Sagitarius. ♐

Les Signes terrees, froids & secs, sont Taurus ♉. Virgo ♍. & Capricornus ♑.

Les Signes aerees, chauds & humides, sont Gemini
♊. Libra ♎. & Aquarius. ♒

Les Signes aqrées, froids & humides, sont Cancer ♋.
Scorpius ♏. & Pisces ♓.

Les Signes turbulents, & tempestueux, sont Taurus,
Cancer, Virgo, Scorpius, & Pisces.

Les Signes venteux sont Gemini, Virgo, Libra, &
Capricorne.

Les Signes tonnerreux sont Aries, Libra, Sagitarius,
& Aquarius.

Saturne ♄ est froid & sec.

Iupiter ♃ chaud, & humide auec temperature.

Mars ♂ est chaud & sec.

Sol ☉ est chaud, & moderément sec.

Venus ♀ froide & humide tempérément.

Mercure ☿ est de variable nature & s'insinue, & préd
nature des Planetes & estoilles fixes, ausquels il est
ioint.

La Lune ☽ est froide & humide.

En la table suyuante, *or.* à l'abregé, est au long *oritur,*
qui signifie en François, se leue ? *oc. occidit,* se couche, ve
signifie *vel pre. m. matin,* g. *degrez.*

DES

PERPETVEL.
DES QVARANTE HVIT IMAGES
Celestes, & premier des Septentrionaux, comm
vn Poëte de nostre temps a chanté.

1. L'ourse Phenicienne. 2. & l'Ourse Caliston,
3. Le Dragon vigilant, 4. le Chartier Ericton,
5. Les blonds Cheueux voüez, 6. & le brillant Arcture,
7. Ta Couronne Ariadne, 8. & ta lyre Mercure,
9. Entre lesquelles luit l'image trauaillé,
    Qui l'on ne sçait pourquoy s'escrie agenouillé,
10 Le Serpent enlaçant le Dieu de medecine,
11 L'aigle gorgé du foye de Promethé, 12. le Cygn
    Qui deflora Lœda, 13. le traict Herculien,
14 L'industrieux Dauphin Poisson Neptunien,
15 La teste du Cheual, 16. La Pegasienne æsle,
17 Andromede attachee à la chaine cruelle.
    Pour souffrir le torment qu'auoit mieux merité
18 Sa mere Cassiope orgueilleuse en beauté,
    Qui bien honteusement aupres du Pole assise
19 Pres son mary Cephee encor sa beauté prise,
20 Le Triangle diuin, 21. & l'æsle Acrisien
    Portant au ciel l'horreur du front Medusien.

Des Meridionaux.

22 Orion qui ne fait 23. du Lieure craintif conte
    Suyui de ses 24. 25. deux chiens d'vne vitesse prompte
26 La Nef qui laboura les campagnes de l'eau.
    Premiere sous Iason, 27. & l'oublieux corbeau,
28 La Coupe d'Apolon, 29 & l'Hydre espouuantable
30 Le Loup sacrifié par Chiron equitable.

                           K

31 *Sur l'autel tesmoignant l'entreprise des Dieux.*
   Alors que les tyrans assiegerent les cieux
32 *Le poisson Sirius,33.la couronne 34.&) le fleuue,*
35 *Pres le monstre plus grand qui dans la mer se treuue.*

Des douze Signes.

36 *Le mouton laine d'or,37. l'European toreau,*
38 *Hercule &) Apolon,39.le Cancre amy de l'eau,*
40 *Le Lyon Nemeen,41.la Ceree gerbe,*
42 *La Liure 43.&) le meurtrier d'Orion.le superbe,*
44 *Crothon cher aux neuf sœurs.45.le Mybouc froidureux,*
46 *Pres de l'enfant Troyen,47.les Poissons amoureux.*

Ces 48.ymages ou Constellations sont,

   1. La grande Ourse. 2. La petite Ourse. 3. Le Dragon. 4. Le Chartier. 5. La Perruque. 6. Le Bouuier, entre les cuisses duquel est l'Arcture. 7. La Couronne. 8. La Lyre. 9. Esculape, auec vn serpent qui sont contez selon aucuns pour deux images. 10. L'aigle. 11. Le Cigne. 12. La Sagette. 13. Le Dauphin. 14. Le Poulain. 15. Pegase cheual æslé. 16. Andromede. 17. Cassiope. 18 Cephee. 19. Le Triangle. 20. Persee. 21. Hercule. 22. Orion. 23. Le Lieure. 24. Le grand chien. 25 La Canicule. 26. La nauire. 27. Le Corbeau. 28. La Coupe. 29. L'Hydra. 30. Le Loup. 31. L'Autel. 32. Le Poisson Sirius. 33. La couronne Australe. 34. Le Fleuue. 35. La Balaine, 36. Le Mouton. 37. Le Toreau. 38 Les Gemeaux. 39. Le Cancre. 40. Le Lyon. 41. La Vierge. 42. La Liure. 43. L'Escorpion. 44. Le Sagittaire. 45. Le Capricorne. 46. Le

Verſeau. 47. Les Poiſſons. Ceux qui font deux Images
du Dieu de Medecine, & du Serpent qui l'enlaſſe, trouuent 48. Images, autrement n'y en auroit que 47.

D'où ſont premierement procedez ces Images.

L Es anciens ont recueilli & digeré auec vn meur
conſeil en vn ſeul image, les eſtoilles fixes voi-
ſines eſparſes çà & là, inſignes en partie à cauſe de leurs effets, & principalement pour leur grandeur & ſplendeur. Ptolomee appelle ces Images là, effigies Aſteriſmes, & figures. Proclus les appelle Zodia,
c'eſt à dire animaux. Pline les appelle Signes, & Aſtres:
le cõmun les appelle Conſtellations & Images, auſquels
les noms des Heroës & Princes ſtudieux de l'Aſtrono-
mie, meſmes des animaux, & de quelques auttes choſes,
ont eſté donnez faiſans alluſion ou rencontre à la nature & force, laquelle l'experience a approuué ces eſtoilles
là auoir à mouuoir les corps inferieurs. Et eſt vray ſemblable tels noms auoir eſté impoſez aux Aſtres, afin que
plus facilement ils fuſſent diſcernez & ennoblis de
noms propres. Et ceſte domination des Aſtres n'eſt
point vne choſe controuuee de nouueau : mais priſe de
l'ancienne doctrine Aſtronomique : ce que teſmoignét
les tres anciens poëmes d'Homere & Heſiode, leſquels
font mention des Pleiades, Hyades, Orion, & Arcture :
meſmes les vers d'Aratus des Conſtellations, lequel ap-
paroiſt auoir veſcu enuiron la 124. Olympiade preſque
300. ans deuát la natiuité de noſtre Seigneur IeſusChriſt.
Et ne faut point douter que ces noms ne ſoyent parue-

nus en Grece, premierement de Phenicie, & auoir esté
baillez comme de main en main aux Pheniciens par les
Saincts Peres. Car en l'histoire de Iob & aux Prophetes
il est fait mention des Astres, comme de *Kesil* & *Kima*.
Les doctes iugent Kesil signifier Orion & Kima les Pleiades. Les Saintes lettres appellent le Soleil Schemes, &
l'Idole d'iceluy Moloch. La Lune Ierech, l'Aurore ou
messagere du iour Mezaroth, l'estoille du vespre Aisch,
lesquelles choses aussi declarent la distribution des e-
stoilles en certaines effigies estre tres-ancienne, & estre
premierement procedee des Saints Peres.

COMMENT ON PEVT PROGNOSTI-
quer des tempestes & orages par signes, prins du
Soleil & de la Lune. Et premierement
par les signes du Soleil.

SI le Soleil est beau & net lors qu'il se leue sans
estre bruslant, signifie vn iour beau & serain:
s'il se monstre iaulne, signifie pluye auec gresle.
Si le Soleil semble estre creux, quant il se leue, signifie pluye & vets. Quand le Soleil se leue, & l'on voit deuant luy quelques nuees rouges ou vermeilles, & qu'aucunes desdites nuees se perdent vers le North & vers le
Midi, signifie vents & grandes pluyes, s'il semble que le
Soleil cueille ses raiz quand il se leue, ou se couche, signifie pluye.
Si l'on voit quelques nuees rondes par dessus le Soleil auant qu'il se leue, signifie grand froid, cela s'entend
quand elles se retirent vers Midi, apres que le Soleil est
sorti: mais si elles se retirent vers le Soleil couchant, si-

gnifie beau temps.

Si quelques nuees enuironnent le Soleil, d'autant qu'ils luy laisseront moins de lumiere, & clarté signifie grande tempeste : & plus grande sera si sa rondeur semble estre double.

Si on voit des nuees vermeilles sur le Soleil quand il se leue, signifie que le vét ventera de l'endroit ou elles sont couchees : mais si le vent vient du Midi, signifie pluye.

Quand le Soleil se leue, s'il est enuironné de nuees, il ventera du costé ou la rondeur sera descouuerte, & s'il se descouure du tout également, c'est signe de beau téps.

Si le Soleil iette ses raiz bien loin parmi l'air, & trauerse les nuees quád il se leue, & qu'il semble auoir quelque peu de vuide au milieu du Soleil, signifie pluye.

Si les raiz du Soleil se monstrent auant qu'il sorte, signifie eau & vents.

Si au coucher du Soleil son circuit se monstre blanc, signifie tempeste pour la nuict : & s'il fait bien chaud, il ventera. Si la rondeur du Soleil apparoist noire ou trouble, quand il se couche, il sera grand vent de l'endroit ou il se descouurira le plus.

Par les Signes de la Lune.

SI la Lune au quatriéme iour se trouue resplendissante auec vne belle clarté, cela demonstre beau temps.

Si elle est rouge, signifie vents : si elle est noire, signifie pluye. Si le cinquiéme iour les cornes de la Lune ne sont aguës & deliees, mais grosses, mousses, ou rebouchees, cela signifie pluye.

Si la Lune de quatre iours eſt rouge, ſignifie grands
vents. Si au plein de la Lune elle ſe trouue nette au milieu, ſignifie beau temps : & ſi elle eſt rouge, ou comme
vne roſe, ſignifie vents, & quand elle eſt noire, annonce
les pluyes.

Quand la Lune eſt nouuelle, ſi elle ſe leue ayant la
corne de deſſus comme noire à l'entour, il pleuura au
dernier quartier : & ſi la corne d'embas eſt auſſi noire à
l'entour, demonſtre qu'il pleuura auant la pleine Lune.

Si la pleine Lune à vn cercle autour d'elle, elle de-
môſtre vent de la partie ou elle ſera plus reſplendiſſante.

Si la Lune monſtre ſes cornes groſſes à ſa naiſſance,
aſſauoir quand elle eſt nouuelle, ſignifie tempeſte : & ſera tant plus grande, ſi le vent Fauonius ne ſouffle deuant
le quatriéme iour.

Si le ſixiéme iour de la Lune elle a grande couleur de
flamme, ſignifie tempeſte.

QVATRAINS CONTENANS LA diuerſe forme de la Lune, ſelon qu'elle s'appro-che ou recule du Soleil, comme a chanté P. D. V. E. D. S.

La Lune du Soleil prend forme tous les iours,
Et ſans croiſtre ou décroiſtre, à croiſſance & decours,
Combien qu'elle nous ſemble ou demie ou cornuë,
Sa belle entiere face en rien ne diminuë.

Au ray du beau Soleil tant le iour que la nuict,
De ſon globe maſſif l'entiere moitié luit,
Et ſelon qu'elle en eſt prochaine ou eſlongnee,
Plus eſt noſtre moitié ou moins enluminee.

La part d'enhaut est pleine en la conionction
Celle qui nous regarde, en l'opposition:
Les sextes, & quartiers autres la font paroistre,
Et vers nous où les Cieux diminuer ou croistre.

Quand nous en voyons peu, beaucoup en ont les cieux,
Quand les cieux en ont moins, plus en voyent nos yeux,
Plus est pres du Soleil, & plus semble petite,
Tousiours tournant sa corne à la part opposite.

Le soir quand elle croist, le Soleil va suyuant,
Le matin au decours elle marche deuant:
Ainsi par chacun mois le Soleil l'enuironne,
Et sa claire splendeur de tous costez luy donne.

L'argentine clarté luy defaut seulement,
Quand la terre est entr'eux dyametralement,
Qui sa nette beauté d'vn ombre obscur efface,
L'empeschant du Soleil voir l'excellente face.

Le Pere Eternel fait par ces varietez
En terre, en mer, en l'aer maintes diuersitez,
Beau temps, ou pluuieux, ou grans vents, ou tonnerre
Pour secher, ou mouiller, ou rechauffer la terre.

S'elle est pure au quart iour, le beau temps nous orrons,
Si rouge est son flambeau, de grans vents nous orrons:
Mais si lors on la voit obscure, ou nubileuse
Du mois la plus grand part s'en ira pluuieuse.

Autres Quatrains contenans les effets admirables du Soleil.

De Dieu le Soleil prend sa lumiere, & beauté,
Et des celestes feux à la principauté,
Et par cours ordinaire ici bas il ordonne,

L'hyuer, & le Printemps, & l'Esté, & l'Automne.

Soit le temps clair, ou brun, Eclipse, ou iour, ou nuict,
De pareille clarté son flambeau tousiours luit:
Soit que son pas nous semble estre lent & paisible,
Il va d'vne vistesse à comprendre impossible.

Et bien qu'il nous eschauffe, il n'a point de chaleur
Qu'il semble rouge, ou blesme, il n'a point de couleur:
Quoy qu'il semble petit, son grand corps en espace,
Cent soixante & six fois le terrestre surpasse.

Si les moites vapeurs amont il n'attiroit,
Tousiours terre sans pluye inutile seroit,
Puis s'il ne l'essuyoit, quand elle est trop mouillee,
De fruicts point ne seroit couuerte, & despouillee.

Par luy nostre Dieu fait les transmutations
Et de tous animaux les generations,
Il decore par luy la terre de fleur belle,
Et quasi tous les ans le monde renouuelle.

Il a son cours oblique ordonné tellement,
Qu'il est en plein midy continuellement:
Haut, bas, couchant, leuant, & fait en instant mesme
Hyuer, Esté, iour, nuict, froid, & chaleur extresme:

Quand aux vns il est haut, aux autres il est bas,
Quand l'vn voit sa clarté, l'autre ne la voit pas,
Quand il se leue aux vns, aux autres il se couche,
Koyant l'vn de costé, tout droit sur l'autre il touche.

Quand l'vn aux plus courts iours orroit la Bise venter,
L'autre oit le Rossignol au midi de May chanter,
Quand l'vn voit le bourgeon, l'autre fait la vendange,
Et à tous le Soleil la saison contr'eschange.

Faisant en vn endroit l'herbe & l'arbre flourir
Ailleurs on voit des prez la verdure mourir.

Ainsi

Ainſi par ordre à tous il eſpand ſes largeſſes,
Et chacun à ſon tour ſe ſert de ſes richeſſes.

   Bref, tous les changemens des iours ou longs ou cours,
Du temps & des ſaiſons, les allez & retours,
Qu'il fait en chacun lieu tout au long de l'année,
Tout enſemble il les fait par chacune iournée.

   De l'Immortel Seigneur qui la loy n'entendroit
L'homme ſur toute choſe adorer le voudroit:
Mais la raiſon nous monſtre & veut qu'en toute ſorte,
De luy & de ſes biens à Dieu gloire en rapporte.

   Toute choſe finie a principe & autheur,
Tout ce qu'on voit mouuoir, à ſa cauſe & moteur:
De tous effects y a vne cauſe derniere,
Qui de temps, de nature, & de force eſt premiere.

   C'eſt Dieu de tous moteurs l'extreme & le dernier,
Mais en perfection ſouuerain & premier,
Infaillible, immuable, impaſſible, inuiſible,
Tout en luy comprenant, & incomprehenſible.

   Parfait, & accomply en toute infinité,
Infini en puiſſance, & en eternité:
Et comme de luy ſeul tout bien prend origine,
Tout bien retourne auſſi à ſa grandeur diuine.

   Par l'ordonnance donc de ſon diuin conſeil,
Il a ſur ce beau monde eſtabli le Soleil,
Comme vn Roy ſouuerain, qui tout void & diſpoſe,
Et qui par ſa lumiere eſclarcit toute choſe.

   L'inique & vitieux ſa claire image fuit,
Les tenebres cerchant d'vne vmbrageuſe nuict,
Pour piller ou meurtrir la perſonne innocente,
Ou commettre en ſecret quelqu'autre œuure indecente.

   Par luy voyent nos yeux de ſes faits la beauté,

Clairement diſcernans leur grand varieté,
Et ſans luy au Cahos retourneroit le monde,
Par tout enſeuely d'obſcurité profonde.

    Par luy de nos ayeulx nous calculons nos iours:
Des regnes & eſtats la croiſſance & decours:
Par luy ce grand Seigneur aux hommes il minute
Les ſiecles, ans, & iours, & l'heure & la minute.

    Tout eſprit s'eſmerueille en contemplant quel tour
Son grand corps lumineux parfait par chacun iour:
Plus ſa circonference eſt du centre eſlongnee,
Et plus grand cercle il fait par chacune iournee.

    Outre ſon tour iournal il a vn propre cours,
Qu'il parfait en trois cens & ſoixante & cinq iours,
Cinq heures & trois quarts, peu plus: & pour ce reſte,
Touſiours au quatriéme an nous mettons le Biſſexte.

    Et quoy que nous errons, il tient vn certain pas
Et depuis qu'en ſon lieu Dieu l'a mis, il n'a pas
Failli d'vn ſeul moment à ſon cours ordinaire,
Voyant foruoyer l'homme, & tant de fautes faire.

    Sur tous les autres corps, à ſon eternité
Dieu luy a departi quelque conformité:
Car nous voyans changer ici bas d'heure en heure,
En ſon cours & clarté touſiours meſme il demeure.

    O combien il a veu ſur terre en maints endroits,
Naiſtre, viure, & mourir de peuples & de Rois,
Faillir & rabaiſſer de triomphantes races,
Et d'autres s'eſleuer, & monter en leurs places?

    Quantes fois il a veu faire mutations
D'Empires & eſtats, de riches nations,
Conſtruire & demolir citez & Republiques,
Luy touſiours demeurant entre les deux Tropiques?

Dieu l'a mis au milieu de six flambeaux errans,
Tous d'vn pas inegal autour de luy courans,
Qui tous sans luy n'auroyent flamme, ou lumiere aucune,
Ce que nous prouue assez l'eclipse de la Lune.

Il a encores autres effects du Soleil, lesquels sont contenus cy deuant aux quatrains de la Lune.

DECLARATION DES CHOSES
contenues en ce Calendier.

NOVS auons mis en ce Calendier l'Epacte & le nombre d'or, chacun en sa colomne, pour trouuer la nouuelle Lune selon son moyen mouuement : car le vray lieu, & mouuement d'icelle se trouue par les tables Astronomiques & Ephemeries. Pour trouuer doncques la Lune par l'Epacte, faut sçauoir combié il court pour l'Epacte par chacun an, & regarder par chacú mois à l'endroit de quel iour est l'Epacte, ce mesme iour sera la nouuelle Lune. Et pour trouuer la Lune par le nombre d'or, faut aussi regarder combien il court par chacun an : & en chacun mois apres auoir trouué le nombre d'or faut reculer de cinq iours, & le cinquiéme iour de deuant ce nombre d'or sera la nouuelle Lune. Mais faut noter que pour le retranchemét des dix iours, le nombre d'or a aussi sauté de dix, comme ceste annee 1584. qu'on conte 8. pour nombre d'or il faut conter 18. & ainsi consecutiuement par cy apres. Nous auons mis ces deux nombres, encores qu'vn seul eust esté suffisant : mais pource qu'il en a qui en veulent encores vser, & trouuent estrange ce changement, nous l'auons bien

voulu mettre, afin qu'ils puiſſent cóferer l'vn auec l'autre, & prendre le plus certain. Et pour y trouuer quelque
difference ne s'en faut eſtonner, car par iceux on trouue
ſeulement (comme i'ay dit) le moyen mouuement.

Nous auons pareillement mis la Declinaiſon du
Soleil en ce Calendier apres les feſtes en cinq colomnes,
dont la premiere contient les degrez, les quatre autres
contiennent les minutes pour la premiere annee, apres
l'an de Biſſexte: pour la ſecóde, tierce & quarte, leſquelles minutes faut adiouſter auſdits degrez, ce que nous
auons fait principalement pour les gens de Marine. Et
faut noter que la plus grande Declinaiſon que le Soleil
face de l'Equateur, eſt de 23. degrez 33. minutes. Il eſt en
iceluy pour le preſent ſelon la reformation du Calendier le 21. iour de Mars, & 23. iour de Septembre. Et ſa
plus grande Declinaiſon eſt aux deux Solſtices, qui ſont
le 22. iour de Iuin, & 21. de Decembre. Depuis le 21. iour
de Mars iuſques au 23. de Septembre, le Soleil eſt decliné
de la ligne Equinoctiale deuers le North, qui eſt la partie par nous habitee. Et depuis le 23. de Septembre iuſques au 21. de Mars, il eſt decliné de l'Equinoctial deuers le Midy. La maniere d'vſer de ceſte declinaiſon, &
de prendre la hauteur du Soleil auec l'aſtrolabe, eſt aſſez
amplement traictee en Medine, & autres autheurs.
Toutesfois nous dirons ce mot touchant icelle cóme en
paſſant. Quand le Soleil eſt deuers le North de la ligne
Equinoctiale, & fait ombre deuers le North, de la hauteur que vous prendrez, voyez combien il s'en faudra
qu'il n'y ait 90. degrez, & auec ce qui s'en faut vous ad-
iouſterez la Declinaiſon de celuy iour, & le tout enſemble mis, d'autant vous eſtes loin de la ligne Equinoctia-

le de la bande deuers le North. Et si au mesme temps que le Soleil est deuers le North dudit Equinoctial, & vous fait ombre deuers le Su, vous adiousterez la Declinaison du iour auec la hauteur que vous prendrez. Et si le tout mis ensemble passe 90. ce qui passera, autant serez loing de la ligne de la bande deuers le North, & si la hauteur & la declinaison ne font 90. autant estes loing de la ligne de la bande deuers le Su. Et si la hauteur & la Declinaison font iustemét 90. vous serez en ladite ligne Equinoctiale iustement.

Aduisez-vous que toutes les fois que vous prendrez 90. degrez de hauteur, que vous n'aurez ombre ny d'vn costé ny d'autre, regardez de quelle part est le Soleil de l'Equinoctial, & autant serez loin du costé de la ligne ou sera la Soleil, comme y aura celuy iour de Declinaison, soit de la part du North ou de la part du Su.

Autre Reigle.

IL faut quand le Soleil est de la bande du Su, qui est depuis le vingtroisiéme iour de Septembre iusques au vingt vniéme iour de Mars, & vous prendrez vostre hauteur, & fait ombre au North de la hauteur que vous prendrez, regardez combien il s'en faut de 90. & adioustez vostre Declinaison auec ce qui s'en faudra desdits 90. & le tout mis ensemble, voyez cōbien font de degrez. Et s'ils ne font iusques à 90. ce qui s'en faudra, autant serez loing de la ligne de la bande du North. Et si la hauteur & la Declinaison font iustement 90. vous estes droitement en la ligne Equinoctiale.

Et si en aucun temps vous prenez voſtre hauteur en moins de 90. degrez, & vous ne trouuez celuy iour de Declinaiſon, autant que vous prendrez moins de 90. autant ſerez loing de la ligne, de la part où le Soleil vous fera voſtre ombre, ſoit de la part du North, ou de la part du Su.

Notez que 60. minutes font vn degré: 30. minutes font demy degré: 20. minutes font vn tiers de degré:15. minutes, font vn quart de degré: 12. minutes font vn quint de degré:10.minutes font vn ſixiéme de degré.

Table pour la Lune.

Nouuelle Lune.	Premier quartier.	Pleine Lune.	Dernier quartier.
♈	♋	♎	♒
♉	♌	♏	♓
♊	♍	♐	♈
♋	♎	♑	♉
♌	♏	♒	♊
♍	♐	♓	♋
♎	♑	♈	♌
♏	♒	♉	♍
♐	♓	♊	♎
♑	♈	♋	♏
♒	♉	♌	♐
♓	♊	♍	♑

Table pour ſçauoir en quel ſigne la Lune eſt chacun iour, & eſt de-claratiue de la lettre des ſignes du Calendier cy apres.

Nombre d'or.	i	ii	iii	iiii	v	vi	vii	viii	ix	x	xi	xii	xiii	xiiii	xv	xvi	xvii	xviii	xix
Aries.	y	v	c	v	l	9	f	h	z	p	c	v	m	a	s	i	&	q	f
Aries.	z	o	d	u	m	a	s	i	&	q	f	x	n	b	t	k	9	r	g
Aries.	&	p	e	x	n	b	t	k	9	r	g	y	o	c	v	i	a	f	h
Taurus.	9	q	f	y	o	c	v	l	a	f	h	z	p	d	u	m	b	s	i
Taurus.	a	r	g	z	p	d	u	m	b	s	i	&	q	c	x	n	c	t	k
Gemini.	b	f	h	&	q	c	x	n	c	t	k	9	r	f	y	o	d	v	l
Gemini.	c	s	i	9	r	f	y	o	d	v	i	a	f	g	z	p	e	u	m
Cancer.	d	t	k	a	f	g	z	p	e	u	m	b	s	h	&	q	f	x	n
Cancer.	e	v	l	b	s	h	&	q	f	x	n	c	t	i	9	r	g	y	o
Leo.	f	u	m	c	t	i	9	r	g	y	o	d	v	k	a	f	h	z	p
Leo.	g	x	o	d	v	k	a	i	h	z	p	e	u	l	b	s	i	&	q
Leo.	h	y	o	c	u	l	b	s	i	&	q	f	x	m	c	t	k	9	r
Virgo.	i	z	p	f	x	m	c	t	k	9	r	g	y	n	d	v	l	a	t
Virgo.	k	&	q	g	y	n	d	v	i	a	i	h	z	o	c	u	m	b	s
Libra.	i	9	r	n	z	o	e	u	m	b	s	i	&	p	t	x	n	c	t
Libra.	m	a	i	i	&	p	t	x	n	c	t	k	9	q	g	y	o	d	v
Scorpio.	u	b	s	k	9	q	g	y	o	d	v	l	a	r	h	z	p	e	u
Scorpio.	o	c	t	l	a	r	h	z	p	e	u	m	b	f	i	&	q	f	x
Sagitarius.	p	d	v	m	b	i	i	&	q	f	x	n	c	s	k	9	t	g	y
Sagitarius.	q	e	u	n	c	s	k	9	r	g	y	o	d	t	l	a	i	h	z
Sagitarius	r	f	x	o	d	t	l	a	f	h	z	p	e	v	m	b	s	i	&
Capric.	f	g	y	p	e	v	m	b	s	i	&	q	f	u	n	c	t	k	9
Capric.	s	l	z	q	t	u	n	c	t	k	9	r	g	x	o	d	v	l	a
Aquarius.	t	i	&	r	g	x	o	d	v	l	a	f	h	y	p	c	u	m	b
Aquarius.	v	k	9	f	h	v	p	e	u	m	t	s	i	z	q	f	x	n	c
Piſces.	u	l	a	s	i	z	q	f	x	n	c	t	k	&	r	g	y	o	d
Piſces.	x	m	b	t	k	&	r	g	y	o	d	v	l	9	t	h	z	p	e
Piſces.	y	n	c	v	l	9	f	h	z	p	e	u	m	a	s	i	&	q	f

Par la presente table on cognoist à peu pres en quel signe la Lune est chacun iour, & est declaratiue des lettres d'vn a, b, c, qui sont au Calédier vers la fin des lignes, & sont nommees les lettres des Signes. Parquoy soit premierement bien notee la lettre du Calendier sur le iour qu'on veut sçauoir, apres soit trouuee icelle lettre en la figure cy dessus en la ligne descendant bas sous le nombre d'or qui court, puis on regarde en teste des lignes ou sont escrits les noms des Signes, & celuy qui regarde du trauers de la figure droitement, ladite lettre est celuy auquel la Lune est celuy iour. Et ainsi comme vn nombre d'or seul sert pour vn an, aussi sert la ligne seule dessous celuy nóbre d'or pour le mesme an. Comme en c'est an 1584. nous auons xviii. pour nombre d'or, au lieu de viii. à cause du retranchement des dix iours, la ligne soubs xviii. seruira tout ledit An, & l'annee prochaine qu'il nous faudra conter xix. la ligne soubs xix. seruira pour icelle annee 1585. Exemple plus familier pour ceste annee: la terre, est au premier iour de Ianuier : Cerchez a, soubs xviii. & regardez vis à vis de la terre a, de trauers quel signe il y a, & il s'y trouue Virgo, ie puis donc dire que ce iour mesme la Lune est au signe de Virgo. I'ay dit à peu pres, pource que le vray mouuement de la Lune se trouue par les tables Astronomiques. & Ephemeries, toutesfois il n'y a pas grand' difference.

Ensuit le Calendier des Festes de l'annee, les principalles desquelles sont imprimees en lettre Italique, auec la Declinaison du Soleil pour les quatre annees, reformee selon le retranchement des dix iours.

IANVIER.

Epactes	Nombre d'or	Jours		IANVIER.	Deg.	1. an min.	2. an min.	3. an min.	4. an min.	ſignes
*		1	A	La Circoncision.	23	7	10	10	5	a
xxix	3	2	b	Octaues S. Estienne.	23	2	5	5	10	b
xxviii	11	3	c	Sainte Geneuiefue.	21	56	58	23	31	c
xxvii		4	d	Octaues des Innocens.	22	50	52	54	45	d
xxvi	9	5	e	Saint Simeon.	21	44	45	49	42	e
15. xxv	8	6	f	Les Roys.	22	37	28	42	35	f
xxiiii		7	g	Saint Iulian.	22	30	50	35	27	g
xxiii	18	8	A	Saint Rigobert.	22	21	21	27	19	h
xxii	5	9	b	Saint Iosse.	22	14	14	18	11	i
xxi		10	c	Saint Guillaume.	22	4	6	9	2	k
xx	13	11	d		21	52	54	57	58	l
xix	2	12	e	Saint Satyr.	21	42	45	48	49	m
xviii		13	f	Saint Hylaire.	21	30	33	37	39	n
xvii	10	14	g		21	21	25	28	30	o
xvi		15	A	Saint Maur abbé	21	10	14	18	19	p
xv	18	16	b	Saint Marcel.	21	0	2	6	5	q
xiiii	7	17	c	Saint Anthoine.	20	47	50	51	0	r
xiii		18	d		20	35	38	43	45	ſ
xii	15	19	e		20	21	26	31	34	t
xi	4	20	f	Saint Fabien S. Sebastien.	20	11	13	19	15	v
x		21	g	Sol en Aquarius.	20	19	59	5	6	u
ix	12	21	A	Saint Vincent.	19	42	47	50	5	u
viii	1	23	b		19	28	33	37	39	x
vii		24	c		19	13	18	24	26	y
vi	9	25	d	La Conuersion saint Paul.	19	0	3	10	12	z
v		26	e		18	41	49	56	58	&
iiii	17	27	f	Saint Iulian.	18	28	34	38	43	9
iii	6	28	g		18	11	18	22	27	a
ii		29	A		17	57	59	18	18	b
i	14	30	b		17	40	44	50	52	c
*	3	31	c		17	22	28	52	36	d

L

Epacte	Nom. d'or.	Iours		FEVRIER	Deg.	1. an min.	2. an min.	3. an min.	4. an min.	Signes
XXIX		1	d	Sainte Brigide vierge.	17	1	12	15	20	e
XXVIII	11	2	e	La Purification.	16	48	56	58	2	f
XXVII	19	3	f	Saint Blaise.	16	30	36	40	46	g
XXVI	8	4	g		16	1	19	22	28	h
15.XXIIII		5	A	S. Agathe vierge.	15	55	16	16	16	i
XXIII	16	6	b		15	37	40	40	50	k
XXII	5	7	c		15	19	21	28	34	l
XXI		8	d		15	1	3	2	13	m
XX	3	9	e	S. Apoline vierge.	14	42	44	48	53	n
XIX	2	10	f	Saint Scholastique.	14	21	24	29	34	o
XVIII		11	g		14	0	6	0	16	p
XVII	10	12	A		13	40	46	50	55	q
XVI		13	b		13	20	26	30	38	r
XV	18	14	c	Saint Valentin.	13	0	6	10	15	t
XIIII	7	15	d		12	39	46	50	55	s
XIII	16	16	e	Sainte Iuliane.	12	18	26	29	34	
XII		17	f	Saint Lubin.	11	58	5	5	12	v
XI	4	18	g	Saint Symeon.	11	37	44	48	52	u
X		19	A	Sol en Pisces.	11	16	24	17	32	x
IX	12	20	b	Saint Eustache.	10	54	0	6	11	y
VIII		21	c		10	31	39	44	47	z
VII		22	]	La chaire S. Pierre.	10	19	17	22	27	&
VI	9	23	e		9	47	55		10	
V		24	f	Saint Mathias.	9	26	33	38	41	a
IIII	17	25	g	Saint Didier.	9	4	11	1	15	b
III	6	26	A	Saint Iulian confes.	8	41	49	34	57	c
II		27	b	Saint Romain abbé.	8	19	27	32	25	d
I	14	28	c		7	17	15	13	8	e
					0	0	0	0	0	

Epacte	Nom. d'or	iours		S.S. MARS.	Deg.	1.an min.	2.an min.	3.an min.	4.an min.	signes.
*	3	I	d	Saint Aubin.	5	34	45	45	49	f
xxix		2	e			12	18	22	26	g
xxviii	11	3	f		6	49	55	58	4	h
xxvii		4	g	Adrian martyr.	6	21	32	36	49	i
xxvi	19	5	A		6	2	8	13	18	k
25. xxv	8	6	b	Saint Victor.	5	39	44	50	54	l
xxiiii		7	c	S. Thomas d'Aquin.	5	15	21	27	31	m
xxiii	16	8	d	Les 40. Martyrs.	4	51	57	57	58	n
xxii	5	9	e		4	28	33	40	44	o
xxi		10	f	Saint Gourgon.	4	4	10	50	20	p
xx	13	11	g		3	41	47	54	35	q
xix	2	12	A	Saint Gregoire.	3	18	23	30	1	r
xviii		13	b		2	54	59	6	48	f
xvii	10	14	c		2	31	35	44	24	8
xvi		15	d	Saint Longin.	2	7	12	19	0	t
xv	18	16	e		1	44	48	56	36	v
xiiii	7	17	f	Sainte Geltrude.	1	2	24	30	12	u
xiii		18	g		0	56	0	6	48	x
xii	15	19	A	Saint Ioseph.	0	32	36	42	24	y
xi	4	20	b	Sol en Aries.	0	9	21	19	1	z
x		21	c		0	25	12	5	23	&
ix	12	22	d		0	39	36	28	47	9
viii	1	23	e	Saint Theodore.	1	3	0	52	10	a
vii		24	f		1	27	23	16	34	b
vi	9	25	g	L'Annonciation.	1	51	46	40	58	c
v		26	A		2	13	9	4	21	d
iiii	17	27	b	Saint Leger Euesque.	2	38	32	17	43	e
iii	6	28	c		3	1	56	51	8	f
ii		29	d		3	25	19	14	31	g
i	14	30	e	S. Quirin Martyr.	3	47	43	37	55	h
*	3	31	f	S. Sabine vierge & mar.	4	10	6	0	18	i

Epacte	Nom. d'or.	Iours		AVRIL	Deg.	1. an. min.	2. an. min.	3. an. min.	4. an. min.	Signes
XXIX		1	g	Saint Valery.	4	34	29	24	40	i
XXVIII	11	2	A	Sainte Marie Eyp.	4	50	56	47	4	k
XXVII		3	b	S. Anthoine de Pade.	5	20	16	10	27	
25. XXVI	19	4	c	Saint Ambroise.	5	43	40	33	5	m
24. XXV	8	5	d	Saint Boniface Pape.	6	5	2	54	12	n
XXIII	16	6	e		6	28	25	17	35	o
XXII	5	7	f	Saint Euphemie.	6	50	48	39	57	p
XXI		8	g		7	12	10	2	20	q
XX	13	9	A	Saint Hugues.	7	36	32	25	42	r
XIX	2	10	b	La passion des sept vierg.	7	57	12	56	4	
XVIII		11	c		8	20	12	8	26	
XVII	10	12	d		8	41	34	32	49	
XVI		13	e	Saint Lin Pape.	9	2	8	8	11	v
XV	18	14	f	Saint Tiburce.	9	24	14	13	33	u
XIIII	7	15	g	Saint Scolastique.	9	37	35	35	52	x
XIII		16	A	Saint Ysidoire.	10	7	9	9	13	y
XII	15	17	b	Saint Eleuthere.	10	29	20	17	34	z
XI	4	18	c	Saint Benoist abbé.	10	51	42	39	55	&
X		19	d		11	12	2	0	16	
IX	12	20	e	Sol en Taurus.	11	32	25	21	37	a
VIII	1	21	f	Saint Simeon.	11	52	45	42	57	b
VII		22	g		12	12	5	3	17	c
VI	9	23	A		12	31	24	23	38	d
V		24	b	Saint George.	12	49	43	42	57	e
IIII	17	25	c		13	8	3	1	18	f
III	6	26	d	Saint Marc Euangeliste.	13	28	21	22	36	g
II		27	e	La translation S. Lo.	13	48	41	46	56	h
I	14	28	f		14	8	3	11	19	i
*	3	29	g	Saint Pierre martyr.	14	28	23	17	30	k
XXIX		30	A	Saint Eutrope.	14	47	42	36	5	l

| Epacte | Nom. d'or. | Iours | | AVRIL | Deg. | 1. an. min. | 2. an. min. | 3. an. min. | 4. an. min. | Signes |

Epacte.	Nom d'or.	Iours.		MAY.	Deg.	1.an min.	2.an min.	an min.	4.an min.	Signes.
xxviii	11	1	b	Saint Iacque S. Philippe.	15	7	2	14	9	m
xxvii		2	c	S. Alexis confesseur.	15	14	20	14	27	n
xxvi	19	3	d	L'inuention S. Croix.	15	43	37	22	40	o
25.xxv	8	4	e	Saint Bernard.	16	0	54	50	4	p
xxiiii		5	f	Saint Hierosme.	16	16	12	6	20	q
xxiii	16	6	g	Saint Iean porte Latine.	16	31	28	24	37	r
xxii	5	7	A		16	48	4	41	54	f
xxi		8	b	L'apparition S. Michel.	17	4	2	16	10	s
xx	13	9	c	La translation S. Nicolas.	17	20	18	12	-37	t
xix	2	10	d		17	36	34	29	4	v
xviii		11	e	S. Anthoine de Pade.	17	56	48	4	56	u
xvii	10	12	f		18	13	4	58	13	x
xvi		13	g	Saint Geruais.	18	27	21	6	27	y
xv	18	14	A	Saint Quentin.	18	41	33	31	41	z
xiiii	7	15	b	Saint Aubert.	18	56	46	46	56	&
xiii		16	c		19	10	1	58	10	9
xii	15	17	d	Saint Cler martyr.	19	23	16	16	2	a
xi	4	18	e		19	37	30	29	37	b
x		19	f	S. Yues confesseur.	19	47	43	42	47	c
ix	12	20	g	Saint Basile.	20	2	55	5	2	d
viii	1	21	A	Saint Leonard.	20	15	7	6	15	e
vii		22	b	Sol en Gemini.	20	27	11	17	27	f
vi	9	23	c		20	37	33	29	37	g
v		24	d	Saint Donatian.	20	50	44	41	50	h
iiii	17	25	e	Saint Vrbain Pape.	21	1	54	53	1	i
iii	6	26	f		21	12	5	30	12	k
ii		27	g		21	23	16	14	23	l
i	14	28	A	S. Germain Euesque.	21	33	26	25	32	m
*	3	29	b	Saint Memer.	21	4	35	36	45	n
xxix		30	c		2	51	44	44	55	o
xxviii	11	31	d	Sainte Petronille.	2	0	53	53	0	p

Epact.	Nom. d'or	Iours		IVIN.	Deg.	1.an min.	2.an mn.	3.an min.	4.an min.	Si-gnes.
XXVII		1	e		22	7	2	1	7	p
25.XXVI	19	2	f	Saint Marcellin.	22	16	10	10	16	c
24.XXV	8	3	g		22	33	19	18	22	t
XXIII	16	4	A		22	31	26	25	31	l
XXII	1	5	b	Saint Boniface Pape.	22	37	33	33	37	t
XXI		6	c	S. Claude Archeuefque.	22	44	40	39	44	t
XX	13	7	d		22	50	46	45	50	.
XIX	2	8	e	S. Medard Euefque.	22	56	53	52	56	u
XVIII		9	f		23	1	58	58	1	x
XVII	10	10	g		23	6	3	2	6	y
XVI		11	A	Saint Barnabé.	23	8	8	6	10	z
XV	18	12	b		23	12	13	11	15	&
XIIII	7	13	c	Saint Anthoine.	23	16	16	15	17	9
XIII		14	d		23	20	19	18	20	a
XII	15	15	e	Saint Silt. S. Modeft.	23	23	22	21	23	b
XI	4	16	f	S. Cir. S. Iulite mart	23	26	25	24	26	c
X		17	g	La tranfl. S. Romain.	23	28	27	27	28	d
IX	12	18	A		23	30	29	29	29	e
VIII	1	19	b	S. Geruais S. Prothais.	23	32	30	30	30	f
VII		20	c	Saint Sylue. Pape.	23	33	33	31	31	g
VI	9	21	d	Sol en Cancer.	23	33	32	32	32	h
V		22	e	Saint Paulin Euefque.	23	33	33	33	33	i
IIII	17	23	f	Vigile.	23	32	33	33	33	k
III	6	24	g	Saint Iean Baptifte.	23	31	33	33	33	l
II		25	A	Saint Eloy Confeffeur.	23	30	31	32	31	m
I	14	26	b		23	28	30	31	29	n
*	3	27	c		23	26	28	29	27	o
XXIX		28	d	Saint Leon Pape. Vigile.	23	24	26	27	25	p
XXVIII	1	29	e	Saint Pierre S. Paul.	23	21	21	24	31	q
XXVII		30	f	La Commemo. S. Paul.	23	19	18	21	20	r

Epacte.	Nom d'or.	Iours		IVILLET.	Deg.	1.an min.	2.an min.	3.an min.	4.an min.	Si-gnes.
xxvi	19	1	g	Octaues des Innocens.	23	15	14	17	15	ſ
15.xxv	8	2	A	Visitation nostre Dame.	23	11	10	13	11	s
xxiiii		3	b	Transla. S. Thomas.	23	3	5	5	7	t
xxiii	16	4	c	Saint Martin Euesque.	23	2	1	4	13	v
xxii	5	5	d		23	57	58	23	57	u
xxi		6	e	Octaues S. Pierre.	23	52	44	55	51	x
xx	13	7	f	Sainte Iulite.	22	47	49	51	45	y
xix	2	8	g		22	41	42	44	38	z
xviii		9	A		22	34	36	38	31	&
xvii	10	10	b	Les sept freres.	22	26	28	30	24	9
xvi		11	c	La transla. S. Benoist.	22	18	20	22	16	a
xv	18	12	d		22	11	11	14	8	b
xiiii	7	13	e		22	1	3	7	0	c
xiii		14	f	Saint Bonauenture.	21	5	54	57	51	d
xii	15	15	g		21	44	45	48	42	e
xi	4	16	A	Saint Nicaise.	21	36	37	45	32	f
x		17	b		21	26	27	30	2	g
ix	12	18	c		21	16	17	20	12	h
viii	1	19	d		21	4	6	8	1	i
vii		20	e	Sainte Marguerite.	20	53	54	0	52	k
vi	9	21	f	Saint Victor martyr.	20	43	43	49	45	l
v		22	g	Marie Magdaleine.	20	30	32	37	27	m
iiii	17	23	A	Sol en Leo.	20	19	21	24	15	n
iii	6	24	b	Sainte Christine vierge.	20	7	10	13	4	o
ii		25	c	S. Iaques & Christofle.	19	50	57		51	p
i	14	26	d	Sainte Anne.	19	40	43	50	37	q
*	3	27	e	Saint Panthaleon.	19	28	31	36	25	r
xxix		28	f		19	14	19	22	11	ſ
xxviii	11	29	g	Sainte Marthe.	19	3	5	8	0	s
xxvii		30	A	Saint Abdon.	18	46	50	55	40	t
xxvi	19	31	b	Saint Germain Euesque.	18	31	35	41	27	v

Epacte.	Nom. d'or.	Iours.		AOVST.	Deg.	1. an min.	2. an min.	3. an min.	4. an min.	Signes.
25.xxiiii	8	1	c	Saint Pierre és liens.	18	16	20	25	13	u
xxiii	16	2	d	Saint Estienne pape.	18	2	5	10	57	x
xxii	5	3	e		17	4	50	56	40	y
xxi		4	f		17	28	34	40	27	z
xx	13	5	g		17	11	19	25	10	&
xix	2	6	A	La Transfiguration.	16	56	3	7	54	
xviii		7	b	Saint Donat euesque.	16	41	47	50	36	a
xvii	10	8	c		16	25	30	32	29	b
xvi		9	d	Vigile.	16	9	12	16	2	c
xv	18	10	e	Saint Laurens.	15	51	55	59	45	d
xiiii	7	11	f		15	34	37	42	28	e
xiii		12	g	La reduct. de Normandie.	15	16	20	25	12	f
xii	15	13	A		14	57	1	7	2	g
xi	4	14	b	Vigile.	14	39	43	48	34	h
x		15	c	L'Assumption nostre Dame.	14	20	24	29	15	i
ix	12	16	d	Saint Roch confesseur.	14	5	6	11	6	k
viii	1	17	e		13	42	47	53	38	l
vii		18	f	Saint Agapit martyr.	13	22	27	32	17	m
vi	9	19	g		13	5	8	14	58	n
v		20	A	Saint Bernard abbé.	12	45	48	54	39	o
iiii	17	21	b		12	24	29	32	20	p
iii	6	22	c	Octaue de l'Assumption.	12	3	9	13	0	q
ii		23	d	Sol en Virgo. Vigile.	11	45	49	51	40	r
1	14	24	e	Saint Barthelemy.	11	25	29	32	18	r
*	3	25	f	Saint Loys Roy.	11	3	8	11	57	f
xxix		26	g		10	43	48	52	36	s
xxviii	11	27	A	Saint Lin pape.	10	20	27	2	14	t
xxvii		28	b	Saint Augustin euesque.	10	0	6	10	54	v
xxvi	19	29	c		9	38	44	49	33	u
25.xxv	8	30	d	Saint Fiacre.	9	17	23	29	11	x
xxiiii		31	e	Commemora. S. Paulin.	8	56	1	7	50	y

SEPTEM.

Epacte.	Nom. d or.	Iours		SEPTEMBRE.	Deg.	1.an. min.	2.an. min.	3.an. min.	4.an. min.	Si-gnes.
xxiii	16	1	f	Saint Gilie S. Leu.	8	24	40	45	27	z
xxii	5	2	g	Saint Anthoine.	8	12	19	22	·5	&
xxi		3	A		7	51	58	0	43	5
xx	13	4	b		7	28	36	38	22	a
xix	2	5	c	Saint Iean hermite.	7	6	14	17	0	b
xviii		6	d		6	43	51	55	37	c
xvii	10	7	e	Saint Donat.	6	19	29	33	14	d
xvi		8	f	La Natiuité nostre Dame.	5	57	7	8	51	e
xv	18	9	g	Saint Gourgon martyr.	5	37	45	45	23	f
xiiii	7	10	A	Saint Nicolas de tolentin	5	12	20	22	4	g
xiii		11	b		4	46	16	0	42	h
xii	15	12	c	Saint Maximian.	4	27	32	37	18	i
xi	4	13	d		4	2	9	13	55	k
r		14	e	L'exaltation S. Croix.	3	42	46	51	32	l
x	12	15	f	Saint Nicomede.	3	17	3	28	10	m
viii	1	16	g	Saint Eufemie vierge.	2	53	10	3	46	n
vii		17	A		2	29	36	43	24	o
vi	9	18	o		2	6	12	18	0	p
v		19	c		1	43	48	55	36	q
iiii	17	20	d	Vigile.	1	20	24	31	13	r
iii	5	21	e	Saint Mathieu Apostre.	0	37	0	17	49	ſ
ii		22	f	Saint Maurice.	0	3	36	44	26	
i	14	23	g	Sol en Libra.	0	5	13	20	23	l
*	3	24	A		0	15	11	4	22	v
xxix		25	b	Saint Fremin.	0	29	35	28	46	u
xxviii	11	26	c			3	0	0	10	
xxvii		27	d	Saint Cosme & s. Damias	1	26	12	16	34	
25.xxvi	19	28	e		1	50	45	40	57	7
25.xxvi	8	29	f	Saint Michel Archange.	2	14	9	3	21	8
xxiiii		30	g	Saint Ierosme docteur.	2	37	35	26	41	
Epacte.	Nom.	Iours			Deg.	1.an. min.	2.an. min.	3.an. min.	4.an. min.	Si-gnes.

M

Epacte.	Nom. d'or	Iours		OCTOBRE.	Deg.	1.an. min.	2.an. min.	3.an. min.	4.an. min.	Signes.
xxii	16	1	A	Saint Remy Archeuesq.		1	0	0	0	a
xxi	5	2	b	Saint Leger Euesque		5	2	1	39	b
xx	13	3	c			48	43	37	54	c
xix	2	4	d	Saint François.	4	12	7	0	18	d
xviii		5	e	Sainte Apolinaire.	4	25	30	24	42	e
xvii	10	6	f	Sainte Foy vierge.	4	58	53	48	5	f
xvi		7	g	Saint Crespin S. Crespi.	5	21	16	12	22	g
xv	18	8	A		5	5	39	34	52	h
xiiii	7	9	b	S. Denis & ses compag.	6	8	23	5	15	i
xiii		10	c		6	33	23	19	37	k
xii	15	11	d	Saint Nicaise.	6	57	48	43	0	l
xi	4	12	e	Sainte Christine.	7	1	11	6	23	m
x		13	f		7	4	34	29	46	n
ix	12	14	g		8	2	56	51	7	o
viii	1	15	A	Saint Leonard.	8	24	1	14	30	p
vii		16	b	Les 50. Martyrs.	8	47	4	37	3	q
vi	9	17	c		9	8	4	0	14	r
v		18	d	Saint Luc Euangelifte.	9	3	26	21	36	ſ
iiii	17	19	e		9	52	48	43	58	s
iii	5	20	f		10	14	10	5	20	t
ii		21	g	Les onze mil vierges.	10	36	11	27	42	v
i	14	22	A		10	58	53	48	4	u
*	3	23	b	Sol en Scorpius. S. Romain.	11	20	15	10	25	x
xxix		24	c	Saint Geruais Euesque.	11	41	37	32	46	y
xxviii	11	25	d		12	2	58	53	7	z
xxvii		26	e	Saint Amand confes.	12	24	19	14	29	&
xxvi	19	27	f	Vigile.	12	4	39	34	48	9
25. xxv	8	28	g	Saint Simon S. Iude.	13	5	50	55	10	a
xxiiii		29	A	Saint Marcial.	13	26	20	15	31	b
xxiii	16	30	b		13	46	40	35	51	c
xxii	5	31	c	Saint Quentin martyr.	14	6	0	55	11	d

Epactes	Nom. d'or	Iours		NOVEMBRE.	Deg.	1.an min.	2.an min.	3.an min.	4.an min.	Signes
xxi		1	d	à Toussaincts.	14	26	20	1	31	e
xx	13	2	e	Les Trespassez.	14	4	39	34	10	f
xix	2	3	f	Saint Marcial Euesque.	15	5	18	5	9	g
xviii		4	g		15	24	17	1	28	h
xvii	10	5	A	Saint Zacharie Proph.	15	44	36	31	47	i
xvi		6	b	Saint Leonard confess.	16	2	54	49	5	k
xv	18	7	c		16	20	12	8	22	l
xiiii	7	8	d	Les 4. Couronnez.	16	37	32	25	4	m
xiii		9	e	Saint Mathurin confes.	16	54	49	44	54	n
xii	15	10	f	Saint Martin Pape.	17	10	7	33	15	o
xi	4	11	g	Saint Martin Euesque.	17	28	25	18	31	p
x		12	A	Saint Leon Pape.	17	45	4	34	48	q
ix	12	13	b	Saint Brixe Euesque.	18	0	17	1	17	r
viii		14	c		18	16	14	7	22	ſ
vii		15	d		18	30	29	23	37	s
vi	9	16	e	Saint Hugues Euesque.	18	47	46	31	53	t
v		17	f	Saint Aignen.	19	1	0	18	7	v
iiii	17	18	g	La Dedicace S. Pierre.	19	19	15	11	12	u
iii	6	19	A	Sainte Elizabeth.	19	34	29	15	36	x
ii		20	b	Saint Edmond Roy.	19	48	43	35	50	y
i	14	21	c	La presentation no. Da.	20	0	19	19	3	z
*	3	22	d	Sainte Cecile vierge.	20	14	11	6	17	&
xxix		23	e	Sol en Sagittarius.	20	26	23	19	29	ꝰ
xxviii	11	24	f	Saint Gourgon martyr.	20	39	3	31	41	a
xxvii		25	g	Sainte Catherine.	20	50	4	44	53	b
15.xxvi	19	26	A	Sainte Geneuiefue.	21	2	0	20	5	c
15.xxiiii	8	27	b		21	13	11	8	16	d
xxiii		28	c		21	15	24	19	17	e
xxii	16	29	d	Vigile.	21	36	3	30	38	f
xxi	5	30	e	Saint André Apostre.	21	45	44	40	47	g

Epacte.	Nom d'or.	Iours		DECEMBRE.	Deg.	1. an. min.	2. an. min.	3. an. min.	4. an. min.	Si- gnes.
xx		1	f	Saint Eloy Euesque.	21	55	54	50	56	h
xix	13	2	g		22	3	4	2	6	i
xviii	2	3	A	Sainte Agathe vierge.	22	12	13	8	15	k
xvii	10	4	b	Sainte Barbe vierge.	22	21	21	17	24	l
xvi		5	c		22	29	29	25	32	m
xv	18	6	d	Saint Nicolas Euesque.	22	36	37	34	39	n
xiiii	7	7	e	Saint Ambroiſe confeſſ.	22	44	44	40	46	o
xiii		8	f	La Conception no. Dame.	22	50	46	47	51	p
xii	5	9	g	Saint Columbain.	22	56	50	5	56	q
xi	4	10	A	Saint Nicaiſe & ſes côpa.	23	1	1	2	4	r
x		11	b		23	6	58	4	8	ſ
ix	12	12	c		23	11	16	9	13	s
viii	1	13	d	Sainte Luce vierge.	23	15	14	15	16	t
vii		14	e	Saint Lambert euesque.	23	19	18	18	20	v
vi	9	15	f	Saint Valery conteſſeur.	23	23	21	21	14	u
v		16	g	O Sapientia.	23	26	25	26	17	x
iiii	17	17	A	Saint Lazare euesque.	23	28	27	28	19	y
iii	6	18	b	Saint Gatiã archeuesque.	23	30	29	29	30	z
ii		19	c		23	31	31	31	31	&
i	14	20	d	Vigile.	23	32	32	32	32	9
*	3	21	e	Saint Thomas apoſtre.	23	33	33	33	33	a
xxix		22	f	Sol en Capricorne.	23	33	33	33	33	b
xxviii	11	23	g		23	33	33	33	33	c
xxvii		24	A	Vigile.	23	32	32	33	32	d
25.xxvi	19	25	b	La natiuité noſtre Seigneur.	23	31	31	31	31	e
xxv	8	26	c	Saint Eſtienne apoſtre.	23	30	30	31	29	f
xxiiii		27	d	ſaint Iean apoſtre & euang.	23	28	28	28	27	g
xxiii	16	28	e	Les Innocens.	23	25	25	25	24	h
xxii	5	29	f	Saint Thomas archeueſ.	23	22	22	22	11	i
xxi		30	g	Saint Vrſin confeſſeur.	23	17	18	18	6	k
19.xx	13	31	A	Saint Siluestre.	23	12	14	14	10	l

Ianuier vient de Ianus, Dieu d'entre les Payens,
A double front dépeinct, ainsi les anciens
Ont voulu denoter toute sage personne,
Du futur & passé qu'il ait memoire bonne.

Des fiebures vient Feurier, ou des lustrations,
Februes en ce mois faites des nations
Qui ne cognoissoyent Dieu, à luy seul soit loüange,
Ne veut de compagnon, quittons tout Dieu estrange.

Mars prend son nom de Mars, le seigneur du Belier,
Ou Sol entre en ce mois: Mars est le Dieu guerrier
Des Payens, & son Astre encore instuë la guerre,
Et force a guerroyer tant par mer que par terre.

Auril est dit d'ouurir, car lors vient à s'ouurir
La terre pour germer; ce qu'auoit fait mourir
Le froid Hyuer, & lors Venus dite Aphrodte,
En son Toreau nous fait toute herbe reuerdie.

May est dit de Maia Iuno qui du seigneur
Des Gemeaux fut la mere, ou de ce mot Maieur
Car entre les Romains maieurs la republique
Gouuernoyent, & leur loy rompre estoit chose inique.

Iuin vient des Iunieurs, qui a la guerre alloyent,
Pendant que les maieurs en Rome gouuernoyent
Les maieurs font les loix, font qu'elles soyent gardees,
Les ieunes belliqueux, par toutes les contrees.

Iuillet vient de Cesar Iule qui en ce mois
Fut né, & triompha en belliqueux arrois,
De la Roine d'Egipte en la guerre natiale,
Et le premier saisit couronne imperiale.

Aoust est dit de Cesar, Augustus Empereur,
Qui en ce mois fut né, fut aussi triompheur.
Auparauant ce mois estoit nommé Sextile,
Estant sixiéme à Mars, comme Iuillet Quintile.

Septembre est dit de sept, & d'Imber mot latin,
Il est septiéme à Mars, nous donne aussi du vin,
Et des pluyes de saison, pour la terre seche
A suffire humecter, pour estre ressemee.

Octobre est dit d'Octo & d'Imber pareillement
Il est huitiéme à Mars, qui fut premierement
Commencement de l'an, vous donne aussi des pluyes,
Pour les sources des eaux aucunes jà taries.

Nouembre est dit de neuf, il est le neuuainier,
Est aussi pluuieux, le signe du Belier,
Domicile de Mars le Zodiaque commence,
Le Sagitaire ici reuient à la cadence.

Decembre est dit de dix, est aussi dizainier,
Comme Mars halitreux, souloit estre premier:
Encor dit l'Astrologue auiourd'huy que l'anne
En Mars, & au Belier, nous est renouuellee.

Anciens quatrains pour trouuer les Festes.

En, Ian, uier, quo, les, Rois, ve, nus, sont,
Glau, me, dit, Fre, min, mor, sont,
An, thoi, ne, seb, ag, Vin, cent, boit,
Pol, doit, plus, qu'on, ne, luy, doit.

Au, chan, de, lier, A, ga, the, beut,
Mais, le, vin, si, fort, l'es, meut,
Qu'il, tu, a, pres, d'aus, si,
Pier, re, Ma, thi, as, aus, si.

Au, bin, dit, que, Mars, est, pril, leux,
C'est, mon, fait, Gre, goir, il, est, foux,
Et, tout, prest, de, don, ner, des, eaux,
Ma, ri, e, dit, il, est, caux.

En, A, uril, Am, broi, se, beu, uoit,
Du, meil, leur, vin, qu'il, trou, uoit,
Quand, vint, qui, tout, a, che, ta,
Ge or, ge, mar, chant, qui, le, pay, a.

Ia,ques,croix,dit,que,Ian,est,may,
Ni,co,las,dit,il,est,vray,
Ho,no,rez,sont,sages,&,sots,
Car,mes,au,gu,stins,&,bi,gots.

En,Iuin,a,uons,bien,sou,uent,
Grand,soif,ou,Bar,na,bé,ment,
En,son,temps,fut,prins,con,ler,res,
Dam,Ian,E,loy,&,dam,Pier,res.

En,Iuil,let,Mar,tin,se,com,bat,
Et,du,be,noi,tier,saint,vaast,bat,
Là,sur,uient,Mar,guet,Mag,da,lain,
Iac,an,dor,Mar,the,&,ger,main.

Pier,res,&,os,on,iet,toit,
A,pres,Lau,rens,qui,bru,loit,
Ma,ri,e,lors,se,print,à,braire,
Bar,the,le,my,fait,le,han,tai,re.

Gil,les,à,ce,que,tu,vois,
Ma.ri.e.toy.si.tu,me,croix.
Et.pri.e.des.nop.ces.Ma.thieu,
Son.fils.fre.min.cos.me.mi.cheu.

Re.mis.sont.Fran,çois.en.vi,gueur.
De.nis.n'en.est.pas.bien.as.seur,
Car.Luc.est.pri.son.nier.a.han.
Cres.pin.&.Sy.mon.a.quen.

Saints.morts.sont.les.gens.bien.heu.reux.
Qu'on.dit.Mar.tin.brisiepx
Lors.Ai gnen.vint.de.mil.lan.
Cle.ment.Ca.the.ri.ne.sat.an.

E.loy.fait.bar.ba.co.lart.
Ma.ri.e.se.plaint.que.lu.ce.art.
Dont.par.grand.i.re.Tho.mas.meut.
De.No.e.Ian.In.no.cent.fur.

LE GOVVERNEMENT DES
douze Signes sur les membres du corps.

LE Mouton à la teste, & au col le Taureau,
Et Gemini aux bras, le Cancre amy de l'eau,
Au pis, & estomach, Leo au cœur domine,
Et au ventre la vierge, & partie Intestine.

Le penil, & nombril gouuerne aussi Libra,
Aines, vessie, aneau, Scorpius traictera,
Les cuisses Sagitaire: & genoux la Cheurette,
Les iambes le verseau, Pisces les pieds appette.

En ces signes la Lune, iceux membres toucher
De ferrement aucun ne doibt pour les tascher
Curer, seroit en vain, comme dit Ptolomee,
Et ceste chose assez est experimentee.

Le gouuernement des sept Planettes sur les sept
membres principaux.

SOL gouuerne le cœur, la Lune le cerueau,
Le foye Iupiter, Saturne trompereau
La rate, Mars le fiel, & les poulmons Mercure,
Et la blonde Venus les reins & geniture.

Ces membres on ne doit curer leur dominant
En vn mauuais aspect, ce seroit pour neant,
Ny faire incision, pour saigner de la vaine,
De tel membre sortant, ce seroit chose vaine.

Du commencement des quatre saisons de l'Annee.

Le Printemps, & l'Esté, & l'Automne, & l'Hyuer,
Sur les commencemens de ces mois de Feurier,
De May, Aoust, & Nouembre ainsi que faisoit Rome,
Doibt maintenant conter tout discret, & sage homme.

DES

la Lune, temperees, seches, humides, froides, ou nubileuses, des
quelles changent bien souuent la temperature du temps, quant
la Lune est en icelles, principallement quand elle est aidee à
cela par les aspects des Planettes.

LA premiere mansion de la Lune qui est depuis
le 20. Aries iusques au 3. Taurus est temperee.
La 2. est depuis le 3. de Taurus iusques enuiron
le 16. & est seche. La troisiéme est depuis ce 16. degré iusques au 28. degré 40. min. du mesme signe de Taurus, &
est humide. De là la 4. dure iusques à l'onziéme degré
de Gemini 32. mi. & est froide & humide. La cinquiéme
puis apres dure iusques au 24. degré 23. minu. de Gemini,
& est temperee. La sixiéme dure depuis ce 24. degré iusques au 7. degré de Cancer, & est humide. La huitiéme
dure depuis ce 7. degré iusques au 20. degré de Cancer,
& est nubileuse & temperee. La neufiéme dure iusques
au 2. deg. 57. min. de Leo & est seche. La 10. dure depuis ce
2. de Leo iusques au 15. degré 49. minu. de Leo, humide.
L'onziéme dure iusques au 28. degré 40. min. de ce mesme signe, temperee toutesfois plustost froide. La douziéme depuis ce 28. degré iusques au 11. degré 31. minu. de
Virgo, humide. La 13. dure iusques au 24. degré 23. mi. de
Virgo temperee. La 14. dure depuis ce 24. de Virgo, iusques au 7. deg. 14. min. de Libra temperee. La 15. dure iusques à 20. degrez 6. minu. de Libra humide. La 16. iusques
au 2. degré 57. minu. de Scorpius froide & humide. La 17.
iusques au 15. degré 49. mi. de Scorpius humide. La 18. iusques au 28. degré 40. mi. de Scorpius seche. La 19. iusques
au 11. degré 32. mi. du Sagitaire humide. La 20. iusques au

24.23. du Sagitaire humide. La 21. iusques au 7. degré 13.
mi. de Capricorne temperee. La 22. iusques au 20. degré
cinq mi. de Capricorne humide. La 23. iusques au 2 deg.
57. mi. d'Aquarius temperee. La 24. iusques au 15. 49. mi.
d'Aquarius temperee. La 25. iusques au 28. 40. mi. Aquarius seche. La 26. iusques au 12. de. 32. min. Pisces seche.
La 27. iusques au 24. 23. Pisces humide. La 28. iusques au
.7. 15. min. Aries temperee.

Les mois.	Iours	Nomb. d'Or	Douze Signes.
Feurier.	1	3	Aries.
Nouébre			
Mars.	2		Taurus.
	3	14	Taurus.
Decébre	4	6	Gemini.
	5		Gemini.
Auril.	6	17	Cancer.
	7	9	Cancer.
May.	8	1	Cancer.
	9		Leo.
	10	12	Leo.
	11	4	Virgo.
Iuin.	12		Virgo.
	13	15	Libra.
Iuillet.	14	7	Libra.
	15		Scorpio.
	16	18	Scorpio.
	17	10	Scorpio.
Aouft.	18	2	Sagitari⁹
	19		Sagitari⁹
	20	13	Capricor
	21	5	Capricor
Septébre.	22		Aquarius
	23	16	Aquarius
Ianuier.	24	8	
Octobre.			Pifces.
	25		Pifces.
	26	19	Pifces.
	27	11	

Faut cercher en ceſte table le mois auquel vous voulez cognoiſtre ce que vous deſirez ſçauoir, puis commencer au droit de voſtre mois à côter en bas, ſur la colomne des iours, iuſques à ce que vous veniez au iour du mois, auquel vous voulez ſçauoir le ſigne eſtre. Et s'il n'y en a aſſez, il faut continuer à nombrer au commécement de la colomne, tant que vous ayez le nombre de vos iours, & tiendrez en memoire le nombre ſur lequel acheuerez de nombrer vos iours : puis cercherez le nóbre d'or courant pour l'annee que deſirez ſçauoir voſtre ſigne, & là vous commencerez à nombrer, tirát en bas iuſques à ce qu'ayez nombré tout voſtre nóbre d'or, cótinuant à nóbrer en haut, ſi le bas ni peut ſuffire : lors le ſigne qui ſe trouuera vis à vis du lieu ou vous acheuerez à nóbrer, eſt le ſigne auquel ſera la Lune ce iour. Exemple, Si vo⁹ deſirez ſçauoir en quel ſigne ſera la Lune le 12. iour de Iáuier 1584. Il faut tenir en memoire 12. puis cercher le mois, & là faut cómencer à conter 1234. &c. iuſques à ce qu'ayez

N ij

nombré 12. qui eſt le iour du mois auquel vous faites voſtre queſtion, lequel s'adreſſera au nombre de voſtre table 8. que tiendrez en memoire. Ce fait cerchez voſtre nombre d'or qui pour ledit An 1584. eſt 18. à raiſon du ſaut des 10. iours coupez. Et là commencez à conter tirant vers bas, iuſques à ce qu'ayez fini le nombre de 8. qui eſt le nombre qu'auez retenu en memoire. Et parce que voſtre nombre de 8. ſe finit à l'endroit d'Aquarius, vous conclurez que la Lune ſera en la teſte d'Aquarius le 12. iour de Ianuier 1584.

Table du gouuernement des Planettes.

de Iour.	Heures de Nuict.	Dimanche.	Lundy.	Mardy.	Mercredy.	Ieudy.	Vendredy.	Samedy.
1	3	☉	☽	♂	☿	♃	♀	♄
2	4	♀	♄	☉	☽	♂	☿	♃
3	5	☿	♃	♀	♄	☉	☽	♂
4	6	☽	♂	☿	♃	♀	♄	☉
5	7	♄	☉	☽	♂	☿	♃	♀
6	8	♃	♀	♄	☉	☽	♂	☿
7	9	♂	☿	♃	♀	♄	☉	☽
8	10	☉	☽	♂	☿	♃	♀	♄
9	11	♀	♄	☉	☽	♂	☿	♃
10	12	☿	♃	♀	♄	☉	☽	♂
11		☽	♂	☿	♃	♀	♄	☉
12		♄	☉	☽	♂	☿	♃	♀
1		♃	♀	♄	☉	☽	♂	☿
2		♂	☿	♃	♀	♄	☉	☽

Les ſept Planettes ſont dicts par les anciens les Recteurs de ce monde, inferieur & elementaire : Aſſauoir, comme cauſes ſecondes & inſtrumens de la diuine prouidence, & iceux gouuernent chacun à ſon tour & heure, & ont ces anciens denommé le iour de la ſepmaine du nom du Planette qui commençoit à dominer à Soleil leuant. Si donc quelqu'vn deſire ſçauoir quel Planette domine à chacune heure du iour artificiel qui eſt depuis Soleil leuant, iuſques au couchant, & la nuict a le reſte, qu'il ſçache quelle heure inegalle il eſt, & pour le ſçauoir il faut qu'il diuiſe leſdits iour & nuict chacun en douze heures, ce qu'il pourra faire par le moyen d'vne table du leuer du Soleil &

quantité du iour, laquelle est cy apres. Car il faut entendre que le iour des Planettes ne commence pas à minuit
comme aucuns ont pensé, ains à Soleil leuant, & ne sont
pas leurs heures égalles, ains inegalles selon la quantité
du iour. Ayant le nombre de l'heure inegalle par ce qui
est dit, & tu veux sçauoir à quel Planette elle est deuë,
entre en la table cy mise auec le nombre de l'heure, si
c'est de iour en la premiere colomne à senestre, ou en la
seconde si c'est de nuict cerchant le nombre de telle
heure inegalle, & descens selon l'ordre de ce iour là iusques à l'heure trouuee aux premieres colomnes, & en
l'angle commun du iour & de l'heure tu trouueras le
Planette Seigneur de l'heure. Que les Planettes gouuernent ceste region elementaire comme causes secondes
& instrumentales c'est chose assez experimentee, &
contredire à vne manifeste experience c'est chose so-
phistique, comme dit Galien. Le cours du Soleil, & de la
Lune par les douze Signes du Zodiaque, nous dressent
les ans, les mois & les iours, tesmoin ce grand Prophete
de Dieu Moyse en son liure de la Genese du monde
chap. 1. où il afferme que Dieu le Createur a mis au Ciel
ces deux grands luminaires pour nous estre en signes,
saisons, ans, mois, & iours. Il monstre mesmes en ce cha.
que Dieu a creé toutes choses en six iours, & a cessé, &
s'est reposé au septiéme. Ces sept iours ont esté denommez par les anciens des noms des sept Planettes, lesquelles commençoyét à regner à la premiere heure du iour.
Iosephe en son liure de l'Antiquité des Iuifs, dit que le
Duc & Prophete de Dieu Moyse a voulu representer
tout ce bel ordre, & gouuernement celeste par les cere-
monies legales, comme par les douze Patriarches, douze
lignees, douze clochettes, & douze pierres precieuses

aux ornemens du grand Sacrificateur. Il a voulu representer les douze Signes, ou parties en quoy le ciel est diuisé. Par les sept chandeliers, les sept Planettes ou estoilles erratiques. Iosephe mesmes dit encores en ce mesme
liure qu'Adam escriuit deux tables de pierre des pro-
messes diuines, & doctrines des mouuemens tant
Astronomiques qu'Astrologiques, lesquelles il delaissa
à sa posterité: car iceluy regardant deuant la cheute tout
l'ouurage du ciel & de la terre, il a voulu telles choses
des mouuemens, & effets des Astres estres cognuës à ses
successeurs, lesquelles apres la triste ruine les hommes ne
pouuoient penetrer ni entendre par la subtilité de leur
esprit. A ceste cause premiere de toutes choses eternelle,
& inuisible, vn seul Dieu en trois personnes, soit honneur, & gloire à tout iamais. Ainsi soit-il.

Table pour le Soleil leuant ou quantité du Iour, sur la fin du septiéme climat.

Iours des Mois.		h. m.	h. m.	
	22. Decembre.	8.0	8.0	8
15. Ianuier.	27. Nouembre.	7.45	8.30	7
27. Ianuier.	15. Nouembre.	7.30	9.0	6
6. Feurier.	5. Nouembre.	7.15	9.30	5
15. Feurier.	27. Octobre.	7.0	10.0	4
24. Feurier.	18. Octobre.	6.45	10.30	3
4. Mars.	10. Octobre.	6.30	11.0	2
14. Mars	1. Septembre.	6.15	11.30	1
21. Mars.	23. Septembre.	6.0	12.0	0
31. Mars.	15. Septembre.	5.45	12.30	1
6. Auril.	5. Aoust.	5.30	13.0	2
15. Auril.	28. Aoust.	5.15	13.30	3
24. Auril.	19. Aoust.	5.0	14.0	4
3. May.	10. Iuillet.	4.45	14.30	5
14. May.	30. Iuillet.	4.30	15.0	6
26. May.	18. Iuillet.	4.15	15.30	7
	22. Iuin.	4.0	16.0	8

JANVIER.

jours	Deg	min.
1	23	5
2	22	59
3	22	54
4	22	48
5	22	41
6	22	35
7	22	26
8	22	18
9	22	9
10	22	0
11	21	51
12	21	41
13	21	31
14	21	20
15	21	9
16	20	58
17	20	45
18	20	33
19	20	21
20	20	8
21	19	55
22	19	47
23	19	27
24	19	13
25	18	58
26	18	42
27	18	27
28	18	11
29	17	54
30	17	38
31	17	22

FEVRIER.

jours	Deg	min.
1	17	5
2	16	47
3	16	29
4	16	11
5	15	53
6	15	35
7	15	16
8	14	56
9	14	37
10	14	14
11	13	58
12	13	38
13	13	18
14	12	58
15	12	37
16	12	16
17	11	51
18	11	34
19	11	12
20	10	51
21	10	30
22	10	19
23	9	47
24	9	26
25	9	4
26	8	38
27	8	15
28	7	52

FEVRIER.

MARS.

jours	Deg	min.
1	7	30
2	7	7
3	6	44
4	6	21
5	5	58
6	5	35
7	5	11
8	4	48
9	4	24
10	4	1
11	3	38
12	3	15
13	2	52
14	2	28
15	2	4
16	1	40
17	1	17
18	0	53
19	0	30
20	0	6
21	0	18
22	0	42
23	1	5
24	1	29
25	1	52
26	2	16
27	2	40
28	3	3
29	3	26
30	3	49
31	4	12

PREMIERE ANNEE

AVRIL.

iours	Deg.	minu.
1	4	35
2	4	58
3	5	21
4	5	44
5	6	6
6	6	29
7	6	53
8	7	15
9	7	37
10	7	59
11	8	21
12	8	43
13	9	5
14	9	26
15	9	48
16	10	9
17	10	30
18	10	52
19	11	12
20	11	33
21	11	53
22	12	14
23	12	35
24	12	55
25	13	15
26	13	32
27	13	51
28	14	10
29	14	29
30	14	47

AVRIL.

MAY.

iours	Deg.	min.
1	15	6
2	15	24
3	15	42
4	15	59
5	16	16
6	16	33
7	16	50
8	17	7
9	17	23
10	17	38
11	17	54
12	18	9
13	18	24
14	18	39
15	18	54
16	19	8
17	19	21
18	19	35
19	19	47
20	20	0
21	20	13
22	20	24
23	20	36
24	20	47
25	20	59
26	21	10
27	21	20
28	21	30
29	21	40
30	21	49
31	21	57

M A Y.

IVIN.

iours	Deg.	min.
1	22	6
2	22	14
3	22	22
4	22	29
5	22	39
6	22	42
7	22	49
8	22	58
9	23	0
10	23	4
11	23	9
12	23	13
13	23	17
14	23	21
15	23	24
16	23	26
17	23	28
18	23	30
19	23	31
20	23	32
21	23	33
22	23	33
23	23	33
24	23	32
25	23	31
26	23	29
27	23	27
28	23	25
29	23	22
30	23	18
	23	

PREMIERE ANNEE.

IVILLET.

Iours	Deg.	min.
1	23	19
2	23	11
3	23	6
4	23	2
5	22	57
6	22	51
7	22	45
8	22	39
9	22	32
10	22	25
11	22	17
12	22	9
13	22	1
14	21	51
15	21	44
16	21	34
17	21	24
18	21	14
19	21	3
20	20	52
21	20	41
22	20	29
23	20	18
24	20	6
25	19	53
26	19	40
27	19	27
28	19	13
29	18	59
30	18	45
31	18	

AOVST.

Iours	Deg.	min.
1	18	30
2	18	13
3	18	00
4	17	44
5	17	29
6	17	14
7	16	56
8	16	41
9	16	23
10	16	6
11	15	49
12	15	32
13	15	14
14	14	56
15	14	37
16	14	19
17	14	0
18	13	41
19	13	21
20	13	2
21	12	43
22	12	22
23	12	3
24	11	40
25	11	21
26	11	1
27	10	40
28	10	18
29	9	57
30	9	36
31	9	15

SEPTEMBRE

Iours	Deg.	min.
1	8	55
2	8	32
3	8	9
4	7	47
5	7	25
6	7	3
7	6	41
8	6	17
9	5	55
10	5	32
11	5	9
12	4	46
13	4	23
14	4	0
15	3	37
16	3	14
17	2	51
18	2	28
19	2	4
20	1	40
21	1	17
22	0	54
23	0	30
24	0	6
25	0	18
26	0	41
27	1	5
28	1	28
29	1	52
30	2	6

PREMIERE ANNEE.

OCTOBRE

Iours	Deg.	min.
1	2	40
2	3	2
3	3	26
4	3	50
5	4	13
6	4	36
7	5	0
8	5	23
9	5	47
10	6	9
11	6	33
12	6	56
13	7	19
14	7	41
15	8	4
16	8	27
17	8	49
18	9	11
19	9	33
20	9	55
21	10	17
22	10	39
23	11	1
24	11	23
25	11	44
26	12	5
27	12	26
28	12	46
29	13	7
30	13	27
31	13	47

NOVEMBRE

Iours	Deg.	min.
1	14	7
2	14	27
3	14	46
4	15	
5	15	24
6	15	42
7	16	1
8	16	19
9	16	37
10	16	55
11	17	13
12	17	29
13	17	45
14	18	2
15	18	18
16	18	3
17	18	49
18	19	5
19	19	19
20	19	33
21	19	47
22	20	1
23	20	14
24	20	20
25	20	37
26	20	51
27	21	3
28	21	14
29	21	25
30	21	30

NOVEMBRE

DECEMBRE

Iours	Deg.	min.
1	21	47
2	21	55
3	22	4
4	22	13
5	22	2
6	22	29
7	22	36
8	22	44
9	22	53
10	22	56
11	23	1
12	23	7
13	23	11
14	23	16
15	23	20
16	23	23
17	23	26
18	23	28
19	23	30
20	23	32
21	23	33
22	23	33
23	23	33
24	23	38
25	23	31
26	23	40
27	23	28
28	23	26
29	23	23
30	23	19
31	23	15

SECONDE ANNEE.

IANVIER.

Iours	Deg	min.
1	23	6
2	23	1
3	22	56
4	22	50
5	22	43
6	22	35
7	22	2
8	22	20
9	22	12
10	22	3
11	21	54
12	21	44
13	21	34
14	21	23
15	21	13
16	21	3
17	20	49
18	20	27
19	20	24
20	20	12
21	19	58
22	19	44
23	19	31
24	19	17
25	19	2
26	18	47
27	18	31
28	18	15
29	17	59
30	17	42
31	17	26

FEVRIER.

Iours	Deg	min.
1	17	[illegible]
2	16	51
3	16	34
4	16	16
5	15	58
6	15	37
7	15	2
8	15	2
9	14	43
10	14	23
11	14	4
12	13	43
13	13	23
14	13	3
15	12	42
16	12	42
17	12	1
18	11	40
19	11	18
20	10	57
21	10	35
22	10	13
23	9	51
24	9	29
25	9	7
26	8	45
27	8	22
28	7	59

MARS.

Iours	Deg	min.
1	7	37
2	7	14
3	6	51
4	6	27
5	6	4
6	5	41
7	5	18
8	4	54
9	4	31
10	4	8
11	3	44
12	3	21
13	2	58
14	2	34
15	2	10
16	1	46
17	1	23
18	0	59
19	0	35
20	0	12
21	0	11
22	0	36
23	0	59
24	1	2
25	1	46
26	2	10
27	2	34
28	2	57
29	3	20
30	3	43
31	4	7

SECONDE ANNEE.

AVRIL.		
ours	Deg.	min.
1	4	30
2	4	53
3	5	15
4	5	38
5	6	1
6	6	24
7	6	47
8	7	10
9	7	32
10	7	55
11	8	16
12	8	38
13	8	59
14	9	21
15	9	42
16	10	4
17	10	25
18	10	46
19	11	7
20	11	27
21	11	48
22	12	9
23	12	28
24	12	48
25	13	8
26	13	27
27	13	40
28	14	6
29	14	25
30	14	43

MAY.		
Iours	Deg.	min.
1	15	1
2	15	19
3	15	27
4	15	55
5	16	12
6	16	29
7	16	45
8	17	3
9	17	19
10	17	34
11	17	49
12	18	6
13	18	20
14	18	35
15	18	50
16	19	4
17	19	18
18	19	31
19	19	44
20	19	57
21	20	10
22	20	22
23	20	33
24	20	44
25	20	56
26	21	7
27	21	18
28	21	28
29	21	37
30	21	46
31	21	55

IVIN.		
Iour	Deg.	min.
1	22	4
2	22	12
3	22	20
4	22	27
5	22	34
6	22	41
7	22	48
8	22	55
9	22	58
10	23	5
11	23	8
12	23	12
13	23	16
14	23	20
15	23	23
16	23	26
17	23	28
18	23	29
19	23	31
20	23	32
21	23	33
22	23	33
23	23	33
24	23	31
25	23	31
26	23	19
27	23	27
28	23	2
29	23	2
30	23	19

SECONDE ANNEE.

IVILLET.			AOVST.			SEPTEMBRE		
Iours.	Deg.	min.	Iours	Deg.	min.	Iours	Deg.	min
1	23	16	1	18	19	1	8	37
2	23	12	2	18	4	2	8	15
3	23	7	3	17	48	3	7	52
4	23	3	4	17	33	4	7	31
5	22	58	5	17	17	5	7	9
6	22	53	6	17	1	6	6	46
7	22	47	7	16	44	7	6	2
8	22	40	8	16	28	8	6	0
9	22	33	9	16	11	9	5	28
10	22	27	10	15	54	10	[illegible]	15
11	22	19	11	15	36	11	[illegible]	52
12	22	11	12	15	18	12	4	29
13	22	3	13	15	0	13	4	6
14	21	54	14	14	41	14	[illegible]	43
15	21	45	15	14	24	15	3	19
16	21	36	16	14	5	16	2	56
17	21	27	17	13	4	17	2	33
18	21	17	18	13	26	18	2	10
19	21	6	19	13	7	19	1	46
20	20	55	20	12	47	20	1	23
21	20	44	21	12	26	21	0	50
22	10	32	22	12	8	22	0	35
23	20	20	23	11	48	23	0	12
24	20	9	24	11	27	24	0	12
25	19	56	25	11	6	25	0	35
26	19	4	26	10	45	26	0	59
27	19	30	27	10	24	27	1	23
28	19	17	28	10	3	28	1	46
29	19	3	29	9	41	29	2	10
30	18	49	30	9	20	30	2	34
31	18	34	31	8	59			

SECONDE ANNÉE.

OCTOBRE.			NOVEMBRE			DECEMBRE.		
Iours	Deg.	min.	Iours	Deg.	min.	Iours	Deg.	min.
1	2	57	1	14	22	1	21	53
2	3	20	2	14	42	2	22	2
3	3	44	3	15	1	3	22	11
4	4	8	4	15	20	4	22	19
5	4	31	5	15	39	5	22	28
6	4	54	6	15	57	6	22	35
7	5	17	7	16	33	7	22	42
8	5	41	8	16	35	8	22	49
9	6	4	9	16	50	9	22	55
10	6	27	10	17	8	10	23	0
11	6	51	11	17	5	11	23	5
12	7	14	12	17	41	12	23	10
13	7	36	13	17	58	13	23	15
14	7	58	14	18	14	14	23	19
15	8	21	15	18	29	15	23	22
16	8	44	16	18	46	16	23	25
17	9	6	17	19	1	17	23	27
18	9	28	18	19	15	18	23	29
19	9	50	19	19	29	19	23	31
20	10	12	20	19	43	20	23	32
21	10	34	21	19	57	21	23	33
22	10	56	22	20	11	22	23	33
23	11	17	23	20	25	23	23	33
24	11	39	24	20	30	24	23	32
25	12	0	25	20	48	25	23	30
26	12	21	26	21	0	26	23	28
27	12	41	27	21	12	27	23	26
28	13	2	28	21	2	28	23	23
29	13	22	29	21	33	29	23	20
30	13	43	30	21	43	30	23	16
31	14	2				31	23	12

TROISIESME ANNEE.

IANVIER.

Iours	Deg.	min.
1	23	7
2	23	2
3	22	57
4	22	51
5	22	44
6	22	37
	22	30
8	22	22
9	22	14
10	22	5
11	21	56
12	21	46
13	21	36
14	21	26
15	21	15
16	21	4
17	20	51
18	20	39
19	20	27
20	20	15
21	20	2
22	19	48
23	19	34
24	19	20
25	19	5
26	18	50
27	18	35
28	18	12
29	18	3
30	17	46
31	17	30

FEVRIER.

Iours	Deg.	min.
1	17	13
2	16	56
3	16	38
4	16	20
5	16	2
6	15	44
7	15	25
8	15	6
9	14	47
10	14	28
11	14	8
12	13	48
13	13	28
14	13	8
15	12	48
16	12	26
17	12	6
18	11	45
19	11	23
20	11	2
21	10	40
22	10	18
23	9	56
24	9	34
25	9	12
26	8	50
27	8	27
28	8	4

FEVRIER.

MARS.

Iours	Deg.	min.
1	7	42
2	7	19
3	6	56
4	6	32
5	6	9
6	5	45
7	5	22
8	5	0
9	4	36
10	4	13
11	3	49
12	3	26
13	3	3
14	2	40
15	2	16
16	1	52
17	1	28
18	1	5
19	0	41
20	0	17
21	0	6
22	0	30
23	0	54
24	1	17
25	1	41
26	2	4
27	2	28
28	2	52
29	3	16
30	3	38
31	4	2

TROISIESME ANNEE.

AVRIL.

Iours	Deg.	min.
1	4	24
2	4	47
3	5	9
4	5	33
5	5	56
6	6	18
7	6	41
8	7	4
9	7	26
10	7	48
11	8	9
12	8	31
13	8	51
14	9	16
15	9	37
16	9	58
17	10	20
18	10	41
19	11	2
20	11	22
21	11	43
22	12	4
23	12	23
24	12	43
25	13	3
26	13	22
27	13	42
28	14	1
29	14	10
30	14	18

MAY.

Iours	Deg.	min.
1	14	57
2	15	15
3	15	24
4	15	33
5	16	50
6	16	8
7	16	25
8	16	40
9	17	58
10	17	15
11	17	46
12	18	2
13	18	17
14	18	31
15	18	46
16	19	1
17	19	14
18	19	28
19	19	44
20	19	54
21	20	7
22	20	19
23	20	30
24	20	42
25	20	53
26	21	4
27	21	15
28	21	25
29	21	35
30	21	44
31	21	53

IVIN.

Iours	Deg.	min.
1	22	1
2	22	10
3	22	8
4	22	25
5	22	32
6	22	29
7	22	46
8	22	52
9	22	57
10	23	2
11	23	7
12	23	11
13	23	15
14	23	19
15	23	22
16	23	25
17	23	27
18	23	29
19	23	31
20	23	32
21	23	35
22	23	33
23	23	33
24	23	32
25	23	31
26	23	30
27	23	28
28	23	26
29	23	23
30	23	20

IVILLET.

TROISIESME ANNEE.

Iours	IVILLET Deg.	min.	AOVST Deg.	min.	SEPTEMBRE Deg.	min.
1	23	17	18	23	8	42
2	23	13	18	8	8	20
3	23	9	17	52	7	58
4	23	4	17	37	7	36
5	22	59	17	21	7	14
6	22	54	17	5	6	52
7	22	48	16	48	6	29
8	22	41	16	32	6	6
9	22	35	16	15	5	43
10	22	28	15	58	5	21
11	22	21	15	40	4	58
12	22	14	15	23	4	34
13	22	5	15	4	4	11
14	21	56	14	46	3	48
15	21	48	14	28	3	25
16	21	39	14	9	3	2
17	21	29	13	50	2	39
18	21	19	13	31	2	16
19	21	9	13	12	1	52
20	20	58	12	51	1	28
21	20	46	12	32	1	5
22	20	35	12	13	0	41
23	20	23	11	52	0	18
24	20	11	11	32	0	6
25	19	59	11	11	0	32
26	19	46	10	50	0	55
27	19	33	10	29	1	17
28	19	20	10	8	1	40
29	19	7	9	47	2	4
30	18	52	9	25	2	28
31	18	38	9	4		

TROISIESME ANNEE.

OCTOBRE

Iours	Deg.	min.
1	2	52
2	3	15
3	3	39
4	4	2
5	4	25
6	4	9
7	5	11
8	5	35
9	5	58
10	6	21
11	6	45
12	7	8
13	7	31
14	7	53
15	8	16
16	8	39
17	9	1
18	9	23
19	9	45
20	10	7
21	10	29
22	10	51
23	11	12
24	11	34
25	11	[illegible]
26	12	16
27	12	36
28	12	57
29	13	17
30	13	37
31	13	57

NOVEMBRE

Iours	Deg.	min.
1	14	17
2	14	37
3	14	56
4	15	15
5	15	34
6	15	52
7	16	11
8	16	29
9	16	48
10	17	4
11	17	21
12	17	37
13	17	54
14	18	10
15	18	26
16	18	42
17	18	57
18	19	12
19	19	26
20	19	40
21	19	54
22	20	7
23	20	20
24	20	33
25	20	45
26	20	57
27	21	9
28	21	20
29	21	31
30	21	42

DECEMBRE

Iours	Deg.	min.
1	21	50
2	22	0
3	22	9
4	22	17
5	22	26
6	22	33
7	22	40
8	22	47
9	22	53
10	22	59
11	23	4
12	23	9
13	23	13
14	23	17
15	23	22
16	23	25
17	23	27
18	23	28
19	23	30
20	23	32
21	23	33
22	23	33
23	23	33
24	23	32
25	23	31
26	23	29
27	23	27
28	23	24
29	23	21
30	23	17
31	23	13

AN DE BISSEXTE.

IANVIER			FEVRIER			MARS		
Iours	Deg	mn.	Iour.	Deg.	mn.	Iours	Deg	mn.
1	23	8	1	17	18	1	7	25
2	23	3	2	17	1	2	7	2
3	22	58		16	49	3	6	39
4	22	52		16	25	4	6	15
5	22	46		16	7	5	5	52
6	22	39	6	15	49	6	5	29
7	22	32	7	15	30	7	5	5
8	22	24	8	15	1	8	4	43
9	22	6	9	14	52	9	4	19
10	21	7	10	14	33	10	3	56
11	21	58	11	14	3	11	3	32
12	21	46	12	13	53	12	3	9
13	21	39	13	13	33	13	2	46
14	21	29	14	13	13	14	2	22
15	21	17	15	12	53	15	1	58
16	21	7	16	12	32	16	1	34
17	20	55	17	12	11	17	1	10
18	20	43	18	11	50	18	0	47
19	20	30	19	11	29	19	0	23
20	20	18	20	11	7	20	0	1
21	20	5	21	10	45	21	0	24
22	19	51	22	10	23	22	0	48
23	19	38	23	10	1	23	1	1
24	19	24	24	9	29	24	1	35
25	19	9	25	9	7	25	1	59
26	18	54	26	8	55	26	2	22
27	18	39	27	8	5	27	2	46
28	18	23	28	8	0	28	3	9
29	18	7	29	7	47	29	3	32
30	17	50				30	3	55
31	17	34				31	4	18

AN DE BISSEXTE.

AVRIL.

Iours	Deg	min.
1	4	42
2	5	4
3	5	27
4	5	50
5	6	13
6	6	36
7	6	58
8	7	21
9	7	43
10	8	5
11	8	27
12	8	49
13	9	10
14	9	32
15	9	53
16	10	15
17	10	37
18	10	58
19	11	18
20	11	39
21	12	0
22	12	20
23	12	39
24	12	59
25	13	19
26	13	8
27	13	57
28	14	16
29	14	25
30	14	53

Iours	Deg	min.

MAY.

Iours	Deg	min.
1	14	12
2	15	30
3	15	47
4	15	4
5	16	11
6	16	38
7	16	55
8	16	12
9	17	27
10	17	43
11	17	58
12	18	1
13	18	28
14	18	43
15	18	58
16	19	12
17	19	25
18	19	38
19	19	51
20	20	4
21	20	10
22	20	28
23	20	39
24	20	50
25	21	2
26	21	13
27	21	22
28	21	2
29	21	42
30	21	51
31	22	0

Iours	Deg	min.

IVIN.

Iours	Deg	min.
1	22	8
2	22	16
3	22	24
4	22	31
5	22	38
6	22	44
7	22	50
8	22	56
9	23	1
10	23	6
11	23	10
12	23	14
13	23	18
14	23	22
15	23	25
16	23	27
17	23	29
18	23	31
19	23	33
20	23	33
21	23	33
22	23	33
23	23	33
24	23	32
25	23	30
26	23	28
27	23	26
28	23	24
29	23	21
30	23	17

AN DE BISSEXTE.

IVILLET.

Iours	Deg.	min.
1	23	14
2	23	10
3	23	6
4	23	0
5	22	55
6	22	49
7	22	43
8	22	37
9	22	30
10	22	23
11	22	5
12	21	57
13	21	18
14	21	50
15	21	41
16	21	31
17	21	21
18	21	11
19	20	0
20	20	49
21	20	38
22	20	26
23	20	14
24	20	2
25	19	41
26	19	30
27	19	23
28	18	10
29	18	56
30	18	41
31	18	26

AOVST.

iours.	Deg	min.
1	18	11
2	17	56
3	17	40
4	17	25
5	17	9
6	16	52
7	16	35
8	16	19
9	16	2
10	15	44
11	15	27
12	15	9
13	14	50
14	14	32
15	14	13
16	13	55
17	13	35
18	13	16
19	12	56
20	12	37
21	12	17
22	11	57
23	11	37
24	11	10
25	10	55
26	10	34
27	10	15
28	9	51
29	9	30
30	9	9
31	8	48

SEPTEMBR.

Iours,	Deg.	min.
1	8	45
2	8	3
3	7	41
4	7	19
5	6	57
6	6	34
7	6	11
8	5	49
9	5	26
10	5	3
11	4	40
12	4	17
13	3	54
14	3	31
15	3	7
16	2	45
17	2	21
18	1	58
19	1	34
20	1	10
21	0	47
22	0	23
23	0	0
24	0	24
25	0	48
26	1	11
27	1	33
28	1	58
29	2	22
30	2	45

AN DE BISSEXTE.

OCTOBRE.

Iours	Deg.	min.
1	3	9
2	3	33
3	3	56
4	4	9
5	4	43
6	5	6
7	5	29
8	5	53
9	6	16
10	6	39
11	7	2
12	7	25
13	7	48
14	8	10
15	8	33
16	8	55
17	9	17
18	9	39
19	9	1
20	10	24
21	10	46
22	10	7
23	11	29
24	11	50
25	11	11
26	12	31
27	12	52
28	12	12
29	13	32
30	13	53
31	14	13

NOVEMBRE

Iours	Deg.	min.
1	14	32
2	14	52
3	14	11
4	15	30
5	15	48
6	15	6
7	16	24
8	16	42
9	16	0
10	17	17
11	17	33
12	17	50
13	17	7
14	18	23
15	18	38
16	18	53
17	18	8
18	19	23
19	19	37
20	19	50
21	19	4
22	20	17
23	20	30
24	20	42
25	20	54
26	20	6
27	21	7
28	21	28
29	21	28
30	21	40

DECEMBRE.

Iours	Deg.	min.
1	21	57
2	21	7
3	22	15
4	22	23
5	22	31
6	22	38
7	22	46
8	22	53
9	22	58
10	22	3
11	23	8
12	23	12
13	23	7
14	23	21
15	23	24
16	23	26
17	23	8
18	23	30
19	23	32
20	23	33
21	23	33
22	23	33
23	23	32
24	23	31
25	23	29
26	23	27
27	23	5
28	23	22
29	23	18
30	23	4
31	23	10

Table pour trouuer le vray iour, & heure de la nouuelle Lune pour 19. ans, plus veritable que celle des Epactes, pour ce qu'elle est prise des Ephemeries de Stadius
qui a calculé au vray, le vray mouuement de la Lune,
commençant son iour à Midy, & durant iusques à l'autre midy inclusiuement: de façon que quand il y a plus
de douze heures, il faudra prendre la Lune du iour ensuyuant, commençant apres minuict. Au bout de dixneuf ans la Lune recommence à faire toutes les mesmes
conionctions, oppositiós, & autres aspects qu'elle auoit
fait auec le Soleil au commencement des dixneuf ans,
mais il faut tousiours prendre garde au Bissexte. Car cela
fait sauter d'vn iour: & c'est pourquoy on auoit inuenté
le nombre d'Or, & Epactes, toutesfois il s'en faut tousi-
iours quelques minutes que cela ne reuiéne, ce qui auoit
esté cause que la Lune n'estoit plus nouuelle dedans le
vieil Calendier le iour vis à vis duquel estoit le nombre
d'Or, mais auoit reculé de quatre à cinq iours.

M. D. LXXXVI.					
Mois.	Iours	Heu.	Mois.	Iours	Heu.
Ianuier.	19	6	Iuillet.	15	23
Feurier.	18	0	Aoust.	14	8
Mars.	19	18	Septembre.	12	16
Auril.	18	11	Octobre.	12	1
May.	18	1	Nouembre.	10	10
Iuin.	16	13	Decembre.	9	22

M. D. LXXXVII.

Mois.	Iours	Heu.
Ianuier.	8	11
Feurier.	7	2
Mars.	8	17
Auril.	7	12
May.	7	4
Iuin.	5	19
Iuillet.	5	9
Aoust.	2	21
Septembre.	2	7
Octobre.	1	17
Octobre.	31	3
Nouembre.	29	12
Decembre.	28	23

M. D. LXXXIX.

Mois.	Iours	Heu.
Ianuier.	16	1
Feurier.	14	11
Mars.	15	22
Auril.	14	10
May.	13	23
Iuin.	12	13
Iuillet.	12	4
Aoust.	9	11
Septembre.	9	2
Octobre.	8	2
Nouembre.	7	17
Decembre.	7	5

M. D. XCI.

Mois.	Iours	Heu.
Ianuier.	24	18
Feurier.	23	5
Mars.	24	15
Auril.	22	23
May.	22	7
Iuin.	20	16
Iuillet.	20	2
Aoust.	18	14
Septembre.	17	5
Octobre.	16	21
Nouembre.	15	16
Decembre.	15	10

M. D. LXXXVIII.

Mois.	Iours	Heu.
Ianuier.	27	10
Feurier.	25	23
Mars.	25	14
Auril.	25	5
May.	24	20
Iuin.	23	12
Iuillet.	23	2
Aoust.	21	7
Septembre.	20	5
Octobre.	19	17
Nouembre.	18	
Decembre.	17	1

M. D. XC.

Mois.	Iours	Heu.
Ianuier.	5	17
Feurier.	4	3
Mars.	5	13
Auril.	3	22
May.	3	8
Iuin.	1	19
Iuillet.	1	6
& Iuillet.	30	20
Aoust.	29	11
Septembre.	28	4
Octobre.	27	21
Nouembre.	26	14
Decembre.	26	5

M. D. XCII.

Mois.	Iours	Heu.
Ianuier.	14	4
Feurier.	12	18
Mars.	13	6
Auril.	11	16
May.	15	0
Iuin.	9	7
Iuillet.	8	15
Aoust.	7	0
Septembre.	5	0
Octobre.	5	0
Nouembre.	3	16
Decembre.	2	10

M. D. XCIII.

Mois.	Iours	Heu.
Ianuier.	2	6
Feurier.	1	0
Mars.	2	16
Auril.	1	5
Auril.	30	16
May.	30	0
Iuin.	28	8
Iuillet.	27	15
Aoust.	25	23
Septembre.	24	8
Octobre.	23	20
Nouembre.	22	11
Decembre.	22	5

M. D. XCV.

Mois.	ours	Heu.
Ianuier.	6	1
Feurier.	5	19
Mars.	7	13
Auril.	9	6
May.	7	22
Iuin.	7	11
Iuillet.	6	22
Aoust.	5	5
Septembre.	3	16
Octobre.	3	1
Nouembre.	1	10
Nouembre.	30	20
Decembre.	30	7

M. D. XCVII.

Mois	Iours	Heu
Ianuier.	17	10
Feurier.	15	23
Mars.	1	12
Auril.	16	2
May.	15	17
Iuin.	14	8
Iuillet.	13	23
Aoust.	12	13
Septembre.	11	3
Octobre.	10	16
Nouembre.	9	4
Decembre.	8	15

M. D. XCIIII.

Mois.	ours	Heu.
Ianuier.	21	0
Feurier.	19	19
Mars.	21	13
Auril.	20	3
May.	19	15
Iuin.	18	0
Iuillet.	17	8
Aoust.	15	10
Septembre.	13	23
Octobre.	13	8
Nouembre.	11	19
Decembre.	11	9

M. D. XCVI.

Mois.	Iours	Heu.
Ianuier.	28	22
Feurier.	27	15
Mars.	28	6
Auril.	26	23
May.	26	14
Iuin.	25	6
Iuillet.	24	19
Aoust.	23	6
Septembre.	21	16
Octobre.	21	2
Nouembre.	19	11
Decembre.	18	23

M. D. XCVIII.

Moys.	Iours	Heu.
Ianuier.	7	1
Feurier.	5	12
Mars.	6	22
Auril.	5	9
May.	4	21
Iuin.	3	10
Iuillet.	3	0
Aoust.	1	15
Aoust.	31	6
Septembre.	29	22
Octobre.	29	14
Nouembre.	28	5
Decembre.	2	17

Q

M. D. XCIX.

Mois.	Iours	Heu.
Ianuier.	26	4
Feurier.	24	14
Mars.	25	23
Auril.	24	8
May.	23	17
Iuin.	22	8
Iuillet.	21	17
Aouft.	20	7
Septembre.	18	23
Octobre.	18	17
Nouembre.	17	10
Decembre.	17	3

M. VI. CC. I.

Mois.	Iours	Heu.
Ianuier.	4	18
Feurier.	3	4
Mars.	4	14
Auril.	3	0
May.	2	10
May.	3	21
Iuin.	30	10
Iuillet.	30	0
Aouft.	28	16
Septembre.	2	9
Octobre.	27	2
Nouembre.	25	8
Decembre.	25	8

M. VI. CC. III.

Mois.	Iours	Heu.
Ianuier.	11	19
Feurier.	0	15
Mars.	12	9
Auril.	1	1
May.	10	14
Iuin.	9	0
Iuillet.	8	8
Aouft.	6	16
Septembre.	5	0
Octobre.	4	8
Nouembre.	2	18
Decembre.	2	7
Decembre.	31	22

M. VI. CC.

Mois.	Iours	Heu.
Ianuier.	15	18
Feurier.	14	6
Mars.	14	16
Auril.	1	0
May.	12	8
Iuin.	10	10
Iuillet.	10	0
Aouft.	8	11
Septembre.	7	1
Octobre.	6	17
Nouembre.	5	11
Decembre.	5	6

M. VI. CC II.

Mois.	Iours	Heu.
Ianuier.	28	20
Feurier.	21	14
Mars.	23	5
Auril.	21	16
May.	21	1
Iuin.	9	8
Iuillet.	18	17
Aouft.	16	22
Septembre.	15	7
Octobre.	14	18
Nouembre.	13	7
Decembre.	13	21

M. VI. CC IIII.

Moys.	Iours	Heu.
Ianuier.	30	15
Feurier.	29	9
Mars.	30	2
Auril.	18	19
May.	28	10
Iuin.	28	21
Iuillet.	26	7
Aouft.	24	7
Septembre.	23	1
Octobre.	21	9
Nouembre.	20	0
Decembre.	20	7

Ncores que cy dessus nous ayons mis plusieurs manieres de trouuer la nouuelle Lune, tant par le liure que sur la main, si est-ce que nous en auons bien voulu mettre encores vne bien correcte qui enfuit, pour en vser si on voit que bon soit, laquelle on pourra pratiquer tant sur le Calendier que sur la main.

Nous l'auons ici pratiquee sur la main par le *Ter. nus.* qui est l'ancien nombre d'or reformé que nous auons mis cy dessus. De sorte que Ianuier & Mars, se commencent par *ta.* qui est la seconde syllabe de *Iota.* Feurier & Auril par *no.* 9. May par *uem.* qui est la seconde syllabe de *nouem.* Iuin par *deps.* 17. Iuillet par *sex.* 6. Aoust par *quat.* 14. Septembre par *ter.* 3. Octobre par *nus.* qui est la seconde syllabe de *ternus.* Nouembre par *vn,* 11. Decembre par *din.* qui est la seconde syllabe de *vndin.* Il y a des exceptions en Feurier, Auril, Iuin, Iuillet, Septembre, & Nouembre, faut laisser *tus.* ou dire *sextus.* tout en vn mot. En Decembre *din,* ou dire *vndin,* tout en vn mot. La Lune se trouuera nouuelle le iour vis à vis duquel sera le nóbre d'or courant pour l'annee: Comme en 1586 il y a 10. pour nombre d'or, lequel nombre se trouue à l'endroit du 21. iour de Ianuier, ce mesme iour donques sera la nouuelle Lune. Ceci se trouuera veritable iusques à l'an 1700. Depuis cest an là iusques à l'an 1899. la nouuelle Lune sera par chasque mois au prochain iour d'apres celuy qui est escrit endroit le nombre d'or qui courra en l'an proposé. Dés & depuis l'an 1900. iusques à l'an 2199. la nouuelle Lune se fera en chaque mois au deuxiéme iour d'apres celuy, ou est escrit le nóbre d'or de l'an qui sera proposé.

Q ij

Dés & depuis l'an 2200. iusques à l'an 2399. la nouuelle Lune se fera par chaque mois au 3. iour d'apres celuy-là qui se trouue endroit le nôbre d'or de l'an qui sera proposé. Ceste variation du iour de la Lune aduient au Calendier pour le téps aduenir pour la mesme raison qu'elle se faisoit le temps passé, assauoir pour auoir donné plus de min. au cours de la Lune qu'on ne deuoit sans en rabatre quelque chose par succession de temps. Cela auoit fait preceder au Calendier les nouuelles Lunes depuis le temps de Iules Cesar iusques au nostre de quatre à cinq iours : de sorte qu'il falloit retroceder en iceluy d'autant de iours pour trouuer la nouuelle Lune. La mesme chose estoit aduenuë aux Solstices & Equinoxes du Soleil. Cela les auoit fait preceder au Calendier de quelques vingt iours depuis les premiers Romains, de sorte qu'il falloit retrograder d'autant de iours pour les trouuer. Auiourd'huy ils precedent encores les premiers iours des mois de 10. iours ou enuiron, & precederont encores pour l'aduenir : mais de 400. en 400. ans on laissera trois iours de Bissexte, qui corrigera la precession future. Cela fera encores varier la lettre Dominicale, & les festes mobiles varieront pareillement, d'autant qu'elles sont obseruees selon le cours de la Lune.

Le nombre d'Or reformé, pratiqué sur la main pour trouuer
la nouuelle Lune d'icy en auant, comme on
faisoit par le passé.

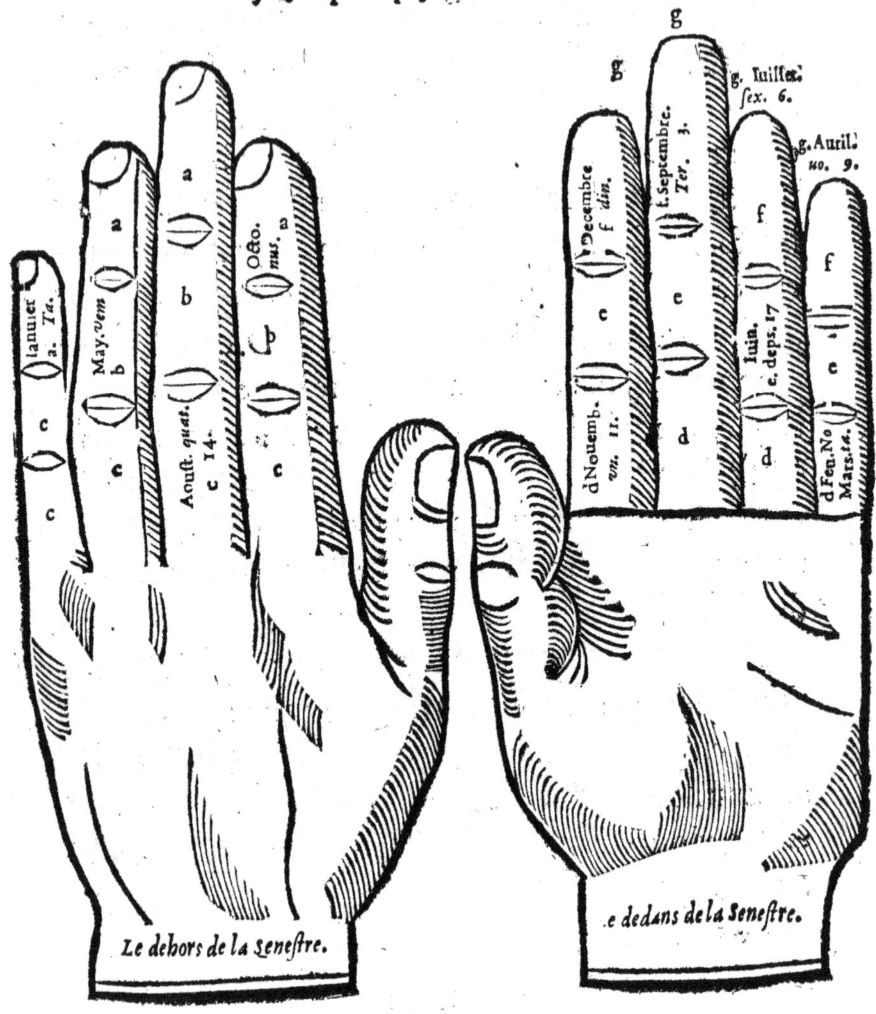

R il faut noter qu'à l'aduenir tous les ans centiémes de l'Incarnation, auront les lettres Dominicales ou CB. ou ED. ou GF. ou BA. Et que
de tous ces ans centiémes, il n'y aura que ceux qui aurót
ces lettres Dominicales BA. qui demeurent Biſſextils, &
qui retiennent leurs deux lettres Dominicales. Car par
la reformation du Calendier chacun an centiéme, auquel ſelon l'ancienne couſtume deuroyent appartenir
ces deux lettres Dominicales C B. ou E D. ou G F. ſera
fait an commun : & n'aura que la premiere de ces deux
lettres Dominicales, laquelle eſt au rang des autres au
Cycle Solaire : ce que nous auions obmis à dire au Cycle Solaire que nous auons mis cy deſſus. Ceſte variation commencera en l'an 1701 La deuxiéme des lettres
de tel an centiéme n'aura point de cours : mais bien elle
ſera lettre dominicale du prochain an d'apres ledit centiéme. On peut remarquer ſur ce propos que le nombre
du Cycle Solaire ſe trouuera interrompu entre chacun
an centiéme, & le prochain an d'apres ledit centiéme,
alors que on ſera comme dit eſt, d'vn an centiéme vn
an commun.

LE
SECOND LIVRE
CONTENANT PLVSIEVRS FON-
DEMENTS NECESSAIRES DE
sçauoir, principallement aux gens
de Marine.

PRES auoir traitté des choses qui appartiennét au Compost Manuel, Calendier perpetuel, & Declinaison du Soleil (chose que premierement doibt sçauoir celuy qui veut apprendre l'art de Nauiguer) nous auós aussi bien voulu toucher ici en brief quelques poincts principaux de la Cosmographie & Sphere, & donner les figures demonstratiues à ce necessaires. Les choses plus hautes & traictees plus au long, seront requises de ceux qui en ont amplement escrit.

Description du Monde.

IL nous faut en premier lieu conceuoir en nostre esprit que ceste terre, laquelle nous habitons enuironnee d'eau , & adherente à icelle, dedans, dessus, & dessous, doit estre cósideree auoir forme comme d'vne boule, laquelle l'ær espandu à l'entour enuironne de toutes parts, & en mesme maniere l'ær est entretenu du feu qui l'enuiróne. Car de ces quatre sim-

ples, aſſauoir de la terre, l'eau, l'ær, & le feu ſont compo-
ſees toutes choſes, leſquelles incontinent ſont confor-
mees en diuerſes eſpeces de choſes. Par deſſus ces corps,
ainſi qu'il eſt bien poſſible, eſtans ronds, la ſubtilité des
Aſtronomes a inuenté les Orbes des ſept Planettes en-
uironnaǹs l'vn l'autre à la ſemblance des robbes des oi-
gnons, aſſauoir de la Lune, de Mercure, de Venus, du
Soleil, de Mars, de Iupiter, & de Saturne. Deſſus la Sphere de Saturne on croit eſtre l'Orbe des eſtoilles fixes.
Iuſques ici la force de l'humaine veuë eſt portee, & tout
le circuit du ciel eſtoillé eſt eſtimé eſtre orné comme de
cloux de feu y attachez. Toutesfois ſur les eſtoilles on
dit y auoir vn autre ciel, lequel les anciens ſages appellét
premier mobile, pource qu'eſtant meu par le comman-
dement du ſouuerain Dieu (car il ne faut pas autrement
le croire) tournant par vn aſſiduel & treſleger tour de
l'Orient vers l'Occident, incontinent il ſe tourne du
couchant iuſques au leuát, & traine auec ſoy l'Orbe des
eſtoilles fixes, & toutes les autres Spheres des Planettes.
Combien que d'icelles comme nous verrós cy deſſous,
les vnes ſont trainees plus lentement, les autres plus le-
gerement, ſelon qu'elles ſont ou plus prochaines, ou
plus eſlógnees de ce premier Orbe treſrauiſſant. Les ieunes ont inuenté vne dixiéme Sphere à laquelle aucuns
ont attribué ce premier mouuement treſrauiſſant. Les
autres au contraire ont ordonné en icelle vn perpetuel
repos des choſes diuines: aſſauoir ou les diuins eſprits &
les ames des bons aſſiſtent à Dieu, & iouyſſent du tout
d'vn eternel repos. Mais nous n'auons pas ici deliberé
de diſputer de cela, qui voulons ſeulement parler d'vne

ſimple

simple description du ciel

De la Sphere.

PHERE est vn corps rond, solide & massif, lequel a vne seule face, au milieu duquel est vn poinct duquel toutes les lignes qui se tirent à la circonference d'icelle sont esgales. Elle est composee de plusieurs parties, assauoir de Poles, d'Essieu, & de Cercles.

Des Poles.

NOVS figurons docques le ciel estre rond comme vne boule ou pomme, Il se tourne comme nous auons dit autour de la terre de l'Orient vers l'Occident, & de l'Occident par dessous terre vers l'Orient, iusques au lieu d'où il auoit commencé estre porté en l'espace de vingtquatre heures. Les gons sur lesquels il semble estre appuyé, ou autour desquels il est porté, sont nommez d'vn mot grec Poles : car Polo en grec signifie ie tourne.

Le poinct de la pomme, assauoir le sommet d'où est sortie la fleur, est appelé Artique, assauoir de l'Ourse, laquelle les poëtes ont feint auoir esté stellifiee: car Artos en grec signifie Ourse. Car comme nous lisons en Ouide, Calisto fut muee en Ourse. L'autre qui luy est opposite est appelé Antarctique ou Contre-oursin, le mot mesme demonstratvne opposition, lequel nous ordonnons estre en la queuë de la pôme. Les Astronomes les nomment les Poles du mode, à raison de la prerogatiue

R

du premier ciel à la legereté du tout tresrapide, duquel
tous les autres Orbes comme nous auons dit auapara-
uant sont contournez presque au mesme espace de
vingtquatre heures.

De l'Essieu.

L'Essieu est la ligne qui diuise la Sphere en deux
parties, & passant par les poles, la Sphere tourne
autour d'iceluy.

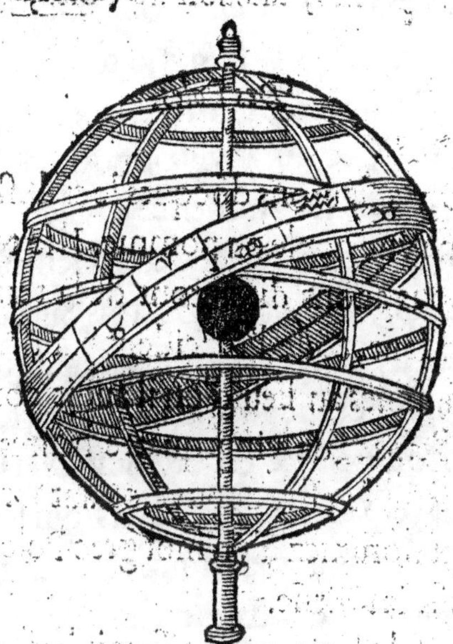

De l'Equinoctial.

DE ces deux poincts ou Poles est prise toute la
dimension du ciel: car premierement vn cercle
distant esgalement de l'vn & l'autre interualle
est duit autour de la rondeur de la pomme, lequel est
appellé Equinoctial, assauoir pource que le Soleil par
chacun An touchant deux fois ce cercle fait les iours
egales aux nuicts.

Du Zodiaque.

VNE bande large diuise le ciel en biaisant, vne moitié tournee vers l'Artique, l'autre enclinee vers l'Antartique, laquelle ennoblie de formes d'animaux, est nommee en Grec cercle Zodiaque, en François porte-signe. Le premier d'iceux est le Belier, & commence à s'esleuer, premierement en ceste part, là où le Zodiaque coupe l'Equinoctial, en apres le Toreau, & le prochain à iceluy est le Signe des Gemeaux: ils sont notez de telles figures, ♈ ♉ ♊. Apres que par ces trois Signes il a marché de voye oblique ou biaisante vers l'Artique, la bande commence à refleschir & retourner derechef vers l'Equinoctial, lequel semblablement elle attouche estant distinguee de trois Signes, assauoir du Cancre, du Lyon, & de la Vierge, desquels sont ici les notes ♋ ♌ ♍. Et incontinent qu'elle l'a attouché, puis apres de l'Equinoctial est estendue vers l'Antartique, encores par l'espace de trois Signes qui sont la Liure, le Scorpion, & le Sagitaire, lesquels sont ainsi notez ♎ ♏ ♐. Et incontinent ennuyee du lieu est tournee derechef de ceste basse region là vers l'Equinoctial, estant enrichie de trois autres Signes, Capricorne, le Verseau, & Poissons, qui sont figurez en ceste maniere, ♑ ♒ ♓. Ce cercle, & tous les autres autant qu'il y en a en la Sphere sont diuisez, premierement en douze parties, assauoir par ces mesmes Signes, & apres vne chacune partie est distinguee en 30. degrez, & ainsi tout le circuit d'vn chacun cercle est diuisé en 360. degrez. La largeur du Zodiaque est estendue enuiron par 12. degrez. Le milieu d'iceluy en la partie plus esloignee est distante de l'Equino-

ctial enuiron le 23. degrez 30. minutes. Le Zodiaque à
aussi ses Poles sur lesquels tous les autres Orbes des cieux
appuyez qui sont soubs le ciel des estoilles fixes, sont
tournez par son mouuement.

Des regions des Signes.

LEs cercles duits de ces Poles du Zodiaque qui
coupent les termes ou fins de chacun Signe, di-
uisent tout le corps de la Sphere en douze parts
egales, comme si quelqu'vn diuisoit vn pepon en douze
portions egales. Et tout ce qu'il y a entre deux telles manieres de demis cercles, & est contenu depuis vn Pole
iusques à l'autre, est dit estre la region d'iceluy, assauoir
tout ce qui est contenu au milieu. D'où chacune estoille
quelque eslognee qu'elle soit hors les espaces du Zodiaque, est demonstree estre ou au Mouton, ou au Toreau,
ou aux Gemeaux, ou en quelqu'vn des autres Signes.

Sur quels Signes president les Planettes.

LEs Astronomes disent le Soleil presider au
seul Lyon, & la Lune au Cancre, & les autres
presider à chacun deux signes, assauoir Saturne
au Capricorne & Verseau: Iupiter au Sagitaire & Poissons: Mars au Scorpion, & au Belier: Venus à la Liure, &
au Toreau: Mercure aux Gemeaux, & à la Vierge.

Des Tropiques.

MAis afin que nous reuenions aux Cercles: Ce
haut lieu par lequel le Zodiaque est veu estre

esleué par les trois premiers Signes, nous descrit vn cercle par son milieu, qui est appelé Tropique de Cancer, lequel commençant au Cancre, ceste bande comméce à retourner en bas, on l'appelle Tropique ou côuersion d'Esté. Par semblable maniere le bas lieu auquel estoit paruenu le Sagitaire, & d'où le Capricorne auoit commencé à s'esleuer en amont, est feint descrire vn autre cercle par mesme tour, qui est appelé des Astronomes Tropique de Capricorne pour semblable conuersion, l'vn & l'autre distant de l'Equinoctial de 23. degrez, & enuiron 30. minutes.

Des cercles *Arctique & Antarctique.*

V N autre cercle est feint autour du Pole du monde passant par le Pole du Zodiaque, & cestuy est nommé Arctique de l'image de l'Ourse : à l'opposite duquel vn autre semblable à iceluy est ordonné à l'autre pole passant par le pole inferieur du Zodiaque, lequel on appelle cercle Antarctique, & iceux sont distans du pole enuiron de 23. degrez 30. minutes.

Des Colures.

I L y a deux autres cercles, appellez Colures, l'vn desquels passe par les poincts ou l'Equinoctial est coupé par le Zodiaque, & est duit par les poles du monde : l'autre pareillement est tiré par les poles tant du monde que du Zodiaque, & par les poincts qui touchét les Tropiques, assauoir les premiers poincts de Cancer & de Capricorne. La Sphere est diuisee par

ces deux cercles en quatre parties egales, & pourtant
sont appellez Colures comme coupez & imparfaits.

Des Cercles mobiles.

IL y a deux autres Cercles non semblables à
toutes regions, & ne sont pas à tous d'vne mesme teneur & maniere: mais sont mobiles selon
que chacun lieu est situé vers le leuant, ou couchant, ou
est plus ou moins reculé de l'Equinoctial, & sont ac-
commodez selon la situation de chacun lieu ou personne.

De l'Horizon.

VN d'iceux, qui couppe ceste partie là du ciel
laquelle nous mesurons en rond auec les yeux
de toutes parts, est dit des Grecs Horizon, &
par les Françons Finiteur ou terminateur de la veuë. Il
nous delaisse la moitié du ciel à voir, & le reste mis dessous, il l'oste de nostre veuë. La partie qui nous est donnee à voir sur le Finiteur est appellee Hemisphere supe-
rieur: & celle qui est supprimee, ou est dessous, est appe-
lee Hemisphere inferieur.

Du Cercle Meridian.

L'AVTRE Cercle mobile est appelé Meridian,
lequel est duit par le poinct du Pole Arctique,
& par ce lieu là du ciel qui est droit sur nostre
teste, & par l'Equinoctial descent iusques au Pole An-

tarctique, & ayant difcouru tout l'Hemifphere appa-
roift derechef à l'Arctique, en quelque lieu que nous
foyons, quant le Soleil eft venu à ce cercle il nous eft
midy, & minuict aux Antipodes. Iceluy varie ou nous
fuit felon que nous tendons ou vers le couchant ou vers
le leuant. Le poinct du ciel qui eft droit fur noftre tefte
eft appellé Zenith ou poinct Vertical.

De la Sphere droite & oblique.

L A Sphere eft nommee ou droite, ou oblique.
Elle eft dite droite, quand l'Horizon diuife
l'vn & l'autre Pole, & à ceux aufquels elle eft
ainfi fituee, les iours & les nuicts leur font toufiours égales, ce qui aduient prefque par toute la Zone
torride. Aucuns auffi l'appellent droite, quand le Pole
eft droit fur la tefte, & que l'Equinoctial eft au lieu de
l'Horizon. Et ou elle eft ainfi, l'an contient vne nuict
de fix moix, affauoir quant le Soleil leur eft de l'autre
cofté de l'Equinoctial : & ces regions là font celles qui
font appellees glacees, aux anciens peu cognuës, mais
de noftre temps cerchees par grande diligence & labeur, & prefque cognuës à tous. La Sphere eft oblique
quand l'vn des Poles eft plus efleué que l'autre par deffus l'Horizon. Et lors aduient les nuicts & iours eftre
inegales en l'an, & l'accroiffement eftre d'autant plus
augmenté que le Zenith ou poinct vertical approche
du Pole. Et cela aduient aux deux Zones, lefquelles nous
nommons temperees.

Figure de la Sphere Oblique, ayant le Pole Arctique
esleué sur l'Horizon.

Du mouuement du Soleil & des autres Planettes.

Ly a vne ligne nommee eccliptique, laquelle
diuise le Zodiaque par le milieu, sous laquelle
le Soleil est continuellement porté, & iamais
ne se depart d'icelle tant soit peu. Soubs ce mesme Zodiaque sont aussi portez les autres planettes, plus librement
que le Soleil: mais plus contraints que la Lune, excepté Mars, lequel excede de beaucoup. Car les vns pas-
sent vn bien peu outre l'eccliptique, la Lune vn peu plus
librement: toutesfois dans le Zodiaque elle s'escarte de
l'eccliptique de cinq degrez dessus, & dessous. Mars de-
cline de l'Eccliptique aucunesfois iusques à huit degrez.
Ces douze parties du Zodiaque appellees Signes, sont
distinguez chacun, comme dit est, par trente degrez: &

ainsi

ainſi tout le Zodiaque eſt diſtribué en 360. degrez. Le
Soleil par chacun iour marche vn degré de l'Occident
vers l'Orient, aucunesfois quelques minutes plus, aucunesfois moins, combien que par l'impetuoſité du rauiſ-
ſement du premier mobile en 24. heures, il ſoit rauy au
contraire de l'Orient vers l'Occident, & ainſi en 360.
iours le Soleil deuroit auoir marché par tout le Zodia-
que:mais pource qu'il fait ie ne ſçay quelle demeure aux
Tropiques comme les anciens penſoyent, ou comme
les ieunes ont trouué, il reſte preſque en chacun degré
vne minute,il luy faut encores cinq iours,& preſque ſix
heures deuant qu'il ſoit paruenu par l'eſpace du cours
annuel iuſques au poinct d'où il auoit commencé d'e-
ſtre porté,& pour ceſte cauſe l'An eſt fait de 365.iours, &
quaſi ſix heures, leſquelles heures de quatre en quatre
ans font vn iour. Vn chacun quatriéme doncques nous
eſt plus grád d'vn iour que les autres, & eſt appellé communément Biſſexte, pource qu'iceluy eſt eſcrit deux fois
en c'eſt An là ſur le ſixiéme des Calendes de Mars:car le
24.iour de Feurier,iour Sainct Matthias,la vigile eſt celebree, & ainſi le iour de feſte d'iceluy eſt differee au 25.
iour d'iceluy, & neantmoins nous appellons le ſixiéme
des Calendes de Mars,tant le iour de la veille,que le iour
de la feſte. La Lune par vn ſemblable mouuement tend
à l'Orient, combien qu'icelle auſſi ſoit trainee au contraire par la force du premier mobile : mais ou pource
qu'elle eſt beaucoup diſtante de ceſte force là,ou pource qu'elle a le plus petit Orbe de tous,ce que le Soleil fait
en vn An, icelle le fait en vingtſept iours, & incontinent elle conſomme encores deux iours pour attaindre
le Soleil,qui auoit ià preſque paſſé l'eſpace d'vn Signe

S

Et ainſi il aduient que touſiours le 29. iour eſtant paſſé,
elle paſſe par deſſous le Soleil, & incontinent elle l'ou-
trepaſſe, & eſt nommé conionction de la Lune, quand
icelle a appliqué au degré, & poinct auquel eſt le Soleil.
Saturne entre les planetes circuit le Zodiaque en 30. ans,
iceluy eſtant le plus prochain au treſrauiſſant ciel endure plus grande force, & a vn Orbe beaucoup plus grand.
Iupiter en 12. ans, Mars en deux ans : Venus & Mercure
ſont portez d'vn meſme cours auec le Soleil, mais quelquesfois ils le precedent, & puis apres comme laſſez ils
vont apres, quelquesfois ils vont d'vn meſme pas auec
luy : deſquelles choſes les Aſtronomes traictent amplement. Et l'huictieſme Sphere laquelle comme eſt l'opinion de pluſieurs, contiét les eſtoilles fixés, par vn mouuemét naturel eſt portee vers l'Orient : mais pource que
elle eſt voiſine au premier mobile, elle endure vne vio-
lence beaucoup plus grande. De là aduient qu'elle ne
peut eſtre promeuë d'vn degré, ſinó en cent ans. Quant
à la neufiéme Sphere, les Aſtrologues tiennent que ſon
mouuement ſe fait ou s'equipole à 49000. ans, d'autant
que ſa Sphere eſt beaucoup plus grande que les autres.

Figure du Ciel estellé ou mirouër celeste.

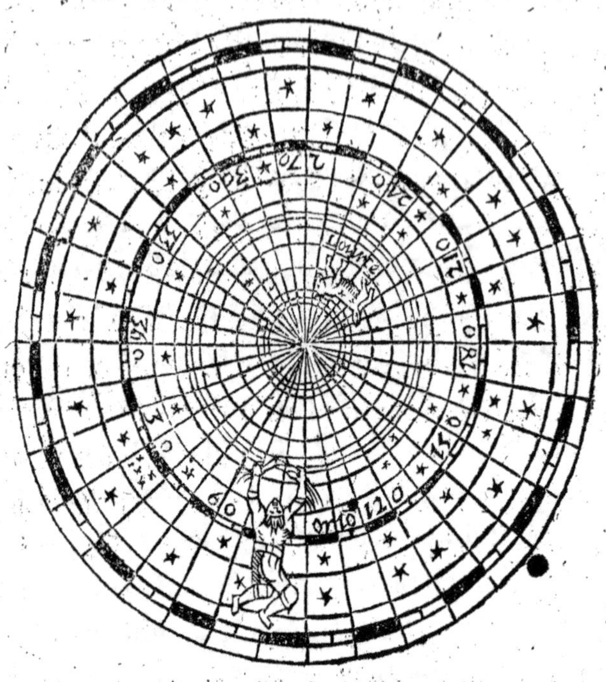

Des Zones.

MAIS pour reuenir à l'vniuersel corps du ciel, toute ceste grande machine est diuisee en cinq Zones, desquelles celle du milieu qui est con-tenuë entre les deux Tropiques est diuisee par l'Equino-ctial, & embrasse le Zodiaque en biais ou de trauers. Et pource que le Soleil est tousiours soubs le Zodiaque, il aduient qu'il passe par icelle deux fois l'an, assauoir quát il est porté du Capricorne au Cancre, & qu'il retourne du Cancre au Capricorne. Ainsi il aduient qu'estant bruslee assiduellemét des ardeurs du Soleil, ne peut trou-uer aucun espace de refrigere, & pour ceste cause est ap-

pellee Torride du consentement de tous. Il y a deux autres regions lesquelles deuroyent plustost estre appelees
Orbes, ou rondes, que Zones, à cause de la forme Orbi-
culaire qu'elles ont, elles sont enuironnees l'vne du cercle Arctique, & l'autre de l'Antarctique. L'vn & l'autre
Pole leur est pour centre, & sont nómees de tous glacia-
les. Il y a deux autres regiós du ciel, lesquelles sont con-
tenues l'vne entre le Tropique de Cancer, & cercle Arctique, & l'autre entre le Tropique de Capricorne, &
cercle Antarctique, & pource qu'elles meslent la chaleur au froid, elles sont temperees, & par changemens
le Soleils en retournant refroidissent, & s'approchant
se reschauffent. Ils les appellent habitables & temperees,
& par la grace de Dieu ils disent qu'ils sont donnees
pour la vie des creatures. Dequoy il est dit en Vergile,
Georgiques liure premier.

En la celeste vouste
Cinq ceintures y a, dont l'vne rougit toute
Des rayons éclatans du grand Astre brillant,
Et va du feu voisin tousiours tousiours bruslant.
A dextre & à senestre és deux bouts ont prins place
Deux autres roidement aupres de perse glace,
Et de l'amas espais d'vn orage noircy
Entre la mitoyenne, & entre ceste cy,
Deux aux chetifs mortels, encores en octroye
La clemence des Dieux. Par ces deux vne voye
Se tranche par ou va du grand tour flamboyant
L'escharpe porte signe en biais tournoyant.

A ceste mesme face du ciel la terre est distinguee par
ces mesmes Zones, les glacees gisantes sous les Poles, la
Torride ou bruslee sous le Zodiaque, & puis les deux

temperées, lefquelles gifent entre les Tropiques & cercles Arctique, & Antarctique.

Le Mirouër du monde, contenant vne defcription des
quatre parties de la terre.

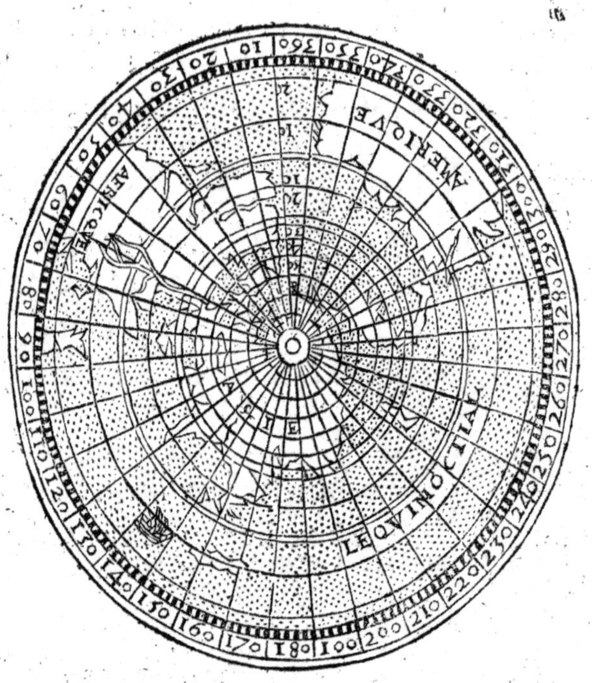

Des cercles Paralelles.

Aralelles ce font cercles ou lignes pareilles ayás
egale diftance, comme font les ornieres des
rouës du chariot, de cefte definition fourd vne
proprieté des lignes paralelles, affauoir qui iamais ne fe
viennét à affembler, combié qu'elles fe vinffent à eften-
dre iufques à vne infinité. On les defcrit en la Sphere ou
Globe terreftre par certains degrez de latitude. Ils font
feparez en telle forte felon aucuns, que le plus long iour

du Paralelle eſt d'vn quart d'heure plus long que le plus
long iour du precedent Paralelle.

Des Climats.

E s modernes Aſtrologues diuiſent la terre, laquelle eſt deçà l'Equateur en neuf climats. Climat eſt vn eſpace de terre entre deux Paralelles
dedans lequel ſe trouue difference de demie heure au
plus grand ou moindre iour de l'an, à prendre du commencement iuſques à la fin dudit eſpace. Dont s'enſuit
que le nombre de chaſque climat ſelon les demies heures, que ſon plus grand iour à plus que celuy de l'Equinoctial, ſe dit autant eſtre eſlongné dudit Equinoctial.
Car en tirāt de l'Equateur aux Poles, les iours ſont touſiours plus inegaux. Et eſt auſſi à noter que les Climats
prennēt leurs noms des principalles villes, riuieres, iſles,
ou contrees qu'il y a en iceux. Le premier paſſe par Meroe cité en Afrique, ſituee au milieu du premier Climat.
Le ſecond paſſe par Syenes ville d'Egypte au deſſous du
Tropique de Cancer. Le troiſiéme paſſe par Alexādrie
ville d'Egypte qui eſt à la bouche du Nil. Le quart par
l'iſle de Rhodes en la mer mediterranee. Le cinquiéme
par Rome. Le ſixiéme par Pont. Le ſeptiéme paſſe par le
fleuue Boriſthenes. La hauteur du Pole 47. 48. & 50. degrez eſt ſoubs ce climat Le 8. Climat paſſe par les monts
Riphees. Le neufiéme paſſe par Damaſco. Les meſmes
noms ont les climats Meridionaux qui ſont vers l'autre
Pol, ſinon qu'on y adiouſte ceſte propoſition grecque
anti, qui eſt à dire contre, comme antidiameroes, c'eſt à
dire le contraire à celuy qui paſſe par Meroe.

Figure du Globe terrestre esleué sur son Horizon, selon nostre
esleuation polaire de 49. degrez.

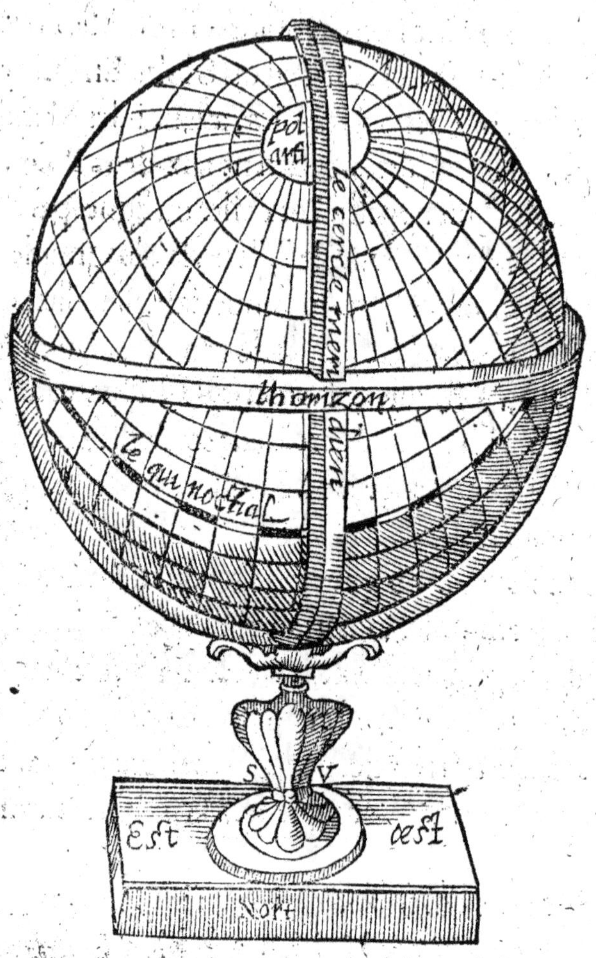

Du Globe terrestre.

Est à noter que la terre mise au milieu du monde selon le mouuemét du ciel se diuise en quatre parties principalles, lesquelles on appelle
les coings ou anglets du monde, sçauoir est Orient, Occident, Midy & Septentrion. Orient est la part ou le So-

leil fe leue en l'Horizon. Occident eft le poinct ou il fe
reconfe de nous. La part par ou il fait fa courfe s'appelle
midy, & le lieu contraire & oppofite à icelle eft dit Septentrion. Ces quatre poincts doiuét eftre toufiours mar-
quez & efcrits au cercle Oriétal du Globe. En iceluy sót
defcrits deux manieres de cercles, affauoir les Meridiés,
qui tous fe croifent & rencontrent aux deux Poles. Les
autres cercles font appelez Paralelles ou lignes pareilles,
egalement diftantes l'vne de l'autre : la plus grande defquelles eft nommee ligne Equinoctiale. Pareillement y
font defcrites les quatre parties du monde, affauoir l'Eu-
rope, l'Afie, l'Afrique, & l'Amerique. Eft pareillement
diuifé en fon plus grand cercle en 360. degrez, defquels
le premier commence au Meridien, qui paffe par les
ifles Canaries.

Ces chofes que nous auons dites de la Sphere & defcription du monde, font grandemét neceffaires d'eftre
entendues, principallement à ceux qui veulent fçauoir
l'art de Nauiguer, duquel encores que nous n'ayons pas
deliberé d'en traicter beaucoup en ce liure, d'autant que
plufieurs en ont affez amplement efcrit, neantmoins
nous en dirons ceci comme en paffant, fuyuant la doctrine de ceux qui en ont efcrit.

L'art de Nauiguer eft la fcience de bien & feurement
gouuerner & diriger par reigles certaines le Nauire d'vn
port à l'autre. Il y a la nauigatió commune, & la grande
nauigation. La commune ne fe fert d'autres inftrumens
que de l'experiéce de l'aiguille frottee de la pierre d'Aymant, & de la fonde, & cefte fciéce ne confifte qu'à bié,
& parfaitement cognoiftre tous les Caps, Ports, & Riuieres, comme iceux fe monftrent & s'apparoiffent en
mer,

mer , quelle distance il y a entr'eux, quelle routte, ou
cours ils tiennent, aussi à quel run de Lune la maree y
est plaine, ou basse : le cours & descente de toutes eaües,
auec la qualité, profondeur & fond d'icelles. Ce que
principallement s'appréd par experience & instruction
des anciens Pilotes bien exercitez. La grande nauigation
se sert outre les pratiques susdites de plusieurs autres reigles fort ingenieuses, & instrumens prins de l'Astrono-
mie, & Cosmographie, comme de l'vsage de l'Astrolabe
dequoy nous auons desia aucunement parlé comme en
passant, pour sçauoir l'vsage duquel il faut entendre ce
petit abbregé de la Sphere, d'autant que l'Astrolabe est
vne Sphere celeste platte, & comme comprimee soubs
la main, seruant à plusieurs intentions amplement de-
duites aux liures de ceux qui en ont traicté de l'vsage,
principallement il sert au Pilote pour prendre la hauteur
du Pole, pour sçauoir en quelle latitude il peut estre estát
sur mer. Et d'autant que nous auós presupposé que le Pilote entendoit bien le moyen d'vser de l'Astrolabe auec
la Declinaison, nous n'auós pas mis cy dessus ce moyen,
lequel nous auons bien voulu mettre ici pour seruir à
ceux qui ne l'entendent point, lequel ils pourront facilement apprendre d'eux-mesmes sans autre enseignement que cestuy-ci.

Le moyen de prendre la hauteur du Soleil
auec l'Astrolabe.

NOvs appellons la hauteur du Soleil, le cours
d'iceluy par lequel petit à petit il monte comme de degré en degré, sur l'Horizó, depuis son

leuant iusques à midy:& depuis midy iusques à son couchant, qui est à l’opposite de son leuant. Donques som-
mairement la hauteur du Soleil n’est autre chose que
son eleuation sur l’Horizon, laquelle tu sçauras en ceste
maniere. Pends l’Astrolabe par son armille au poulce de
la main dextre ou senestre, en sorte qu’il pende à son ai-
se, & tourne la reigle nommee Lidade contre le ray du
Soleil, en sorte que tu voyes les rais du Soleil passer par
les deux petits pertuis des deux Pinules. Et lors conside-
re diligemment la ligne droite nommee Fiducialle d’i-
celle Alhidade, combien de degrez elle est esleuee sur la
ligne trauersant, que dessus auons appellee la ligne du
droit Horizon, laquelle passe par le commencement du
Belier, & de la Balance, & par le centre de l’Astrolabe.
Et le nombre des degrez sera la hauteur du Soleil à l’heure de ta consideration. Comme si l’Index ou ostenseur
de ladite Alhidade touche trente degrez par dessus ledit
Horizon, tu diras la hauteur du Soleil estre lors de trente degrez. Mais pour sçauoir si la hauteur du Soleil est
prise deuant ou apres midy, tu l’escriras à part, & l’appel-
leras premiere hauteur. Et apres vn peu de temps, prens
derechef la hauteur du Soleil, & l’escris à part, & l’appel-
leras la seconde hauteur. Lors si la seconde est plus grande que la premiere, sçaches que la premiere est deuant
midy, & qu’il n’est pas encores midy. Mais si la seconde
hauteur est moindre que la premiere, sçaches qu’il est
apres midy, car le Soleil commence à descendre, & ap-
procher de l’Horizon occidental. Brief, pour sçauoir la
hauteur du Pole ou Latitude de la terre, il faut que la
hauteur soit iustemét prise à midy, ce qu’on peut apper-
ceuoir en escriuant ou signant tousiours la hauteur du

Soleil croiffant & montant iufques à ce qu'on l'apperçoiue diminuer & décroiftre. Par cefte hauteur du Soleil Meridienne on peut cognoiftre la Latitude des regions, climats, villes, ou autres lieux, tant par mer que par terre. Cefte Latitude eft la diftance du lieu ou on eft, iufques au cercle Equinoctial, laquelle s'eftend vers Septentrion ou vers midy : Et eft toufiours egale à la hauteur ou eleuation du Pole Septentrional fur l'Horizon, ou à la depreffion du Pol oppofite fous l'Horizon. Pour cognoiftre doncques cefte Latitude, prenez la hauteur Meridiane du Soleil au dos de l'Aftrolabe, cóme deffus eft dit. Et s'il eft trouué que le Soleil entre au commencement du Belier, ou de la Balance à midy (ce qui n'auient que deux fois l'an, affauoir enuiron le 22. de Mars, & 23. de Septébre en ce temps felon la reformation,)lors icelle hauteur Meridiane fait l'eleuation du commencemét du Belier, ou de la Balance, & par confequét de l'Equateur fur l'Horizon, laquelle oftee de 90. deg. reftera la Latitude de la region, climat, ou ville ou on fera. Et fi le Soleil eft en l'vn des fignes Septentrionaux, fçachez fa declinaifon Septétrionale, & icelle leuee ou fubftraite de la hauteur Meridiane du Soleil, laiffera l'eleuation du Belier ou de la Balance, & de l'Equateur : laquelle eleuation fubftraite de nonante degrez, reftera la Latitude de la region ou lieu ou on fera au téps de telle obferuation. Et fi le Soleil va par vn figne meridional, adiouftez la declinaifon Meridionale à la hauteur Meridiane du Soleil, & vous aurez l'eleuation du Belier, ou de la Balance, & par confequét de l'Equateur : laquelle (comme deffus) leuee de nonante, manifeftera la Latitude de la region, ou du lieu ou vous ferez. Exemple. Suppofons que

de l'habitation de laquelle vous voulez sçauoir le lieu,
la Latitude, soit Roüen, & que la hauteur du Soleil à
midy soit de 51. degrez, & la declinaison dix degrez, leuez
ladite declinaison de la hauteur de midy, & resteront 41.
degrez, qui est l'eleuation du Belier, & par consequent
de l'Equinoctial à Roüen : lesquels ostez de 90. degrez,
& resteront 49. degrez pour la latitude de Roüen. Ce
qui nous demonstre que Roüen est à 49. degrez de l'E-
quinoctial, lesquels degrez descrits au cercle Meridien
equipolent en terre à 17. lieuës & demie pour degré, lesquels degrez multipliez par 17.$\frac{1}{2}$ produisent 857. lieuës
$\frac{1}{2}$ qui est la distance de droit chemin depuis Roüen iusques au cercle Equinoctial ou ligne Equinoctiale.

MOYEN DE TROVVER FACILEMENT
la longitude de toutes regions, citez ou lieux.

PVIS que nous sommes sur le poinct des Lati-
tudes des regions, climats & lieux, nous sommes aussi deliberez de traicter quant & quant
des longitudes.

Longitude de la region.

OR est à noter que la longitude de la region ou
lieu, est la distance du cercle Meridien de l'vne
region au cercle Meridien de l'autre. Et est contee au grand cercle Equinoctial terrestre, qui est droitement soubs l'Equinoctial celeste, principallement au re-
gard de la situation de chacune region, ou lieu distant
de l'Occident. Car elle est contee d'Occident en Orient,
& selon Ptolomee depuis les isles fortunees nommees
Canaries. Doncques si vous voulez sçauoir & prendre la
distance des regions ou citez selon la longitude, sçachez

le commencement de l'Ecclipse de la Lune par les tables
des Ecclipses dressees en vn certain lieu, duquel cognoistrez la Longitude. Et vous estans en vn autre lieu duquel ignorerez la Longitude, prenez diligemment par
l'Astrolabe le commencement de ladite Ecclipse. En
apres voyez si le commencement de l'Ecclipse conté, &
sçeu par les tables du lieu cogneu, & le commencement
de ladite Ecclipse, prins par l'Astrolabe, & obserué au
lieu de Longitude incertaine, concordent en heures &
minutes: car lors ils ont vne mesme longitude & mesme
Meridien, tellement qu'entre lesdits deux lieux n'y a aucune distance de Longitude. Mais si le commencement
de l'Ecclipse de Lune prins par l'Astrolabe est plus en
heures & minutes que le commencement calculé par les
tables: sçachez que lesdits lieux ou citez, sont differens
en Longitude, & ont diuers Meridiens: laquelle Longitude vous cognoistrez en ceste maniere. Leuez le moindre nombre des heures & minutes du plus grand, & ce
qui reste est la difference d'vn lieu à l'autre. Prenez donc
pour chacune heure quinze degrez, & pour chacunes 4.
minutes d'heure vn degré, & pour chacune min. d'heure
quinze minutes d'vn degré. Finalement adioustez les
degrez aux degrez, & les minutes aux minutes: & la somme totale qui en viendra, monstrera la Longitude des
deux lieux proposez. Et s'il aduient que n'ayez aucunes
tables des villes, prenez en vn desdits lieux, le commencement de ladite Ecclipse, & quelqu'autre le prenne en
autre lieu: & icelle prise par l'Astrolabe, faites comme
dessus est dit.

Et est bien à noter que la cité ou lieu est bien plus o-
riental, duquel le commencement de l'Ecclipse est trou-

ué plus grand en temps & heures. Et generallement la
plus grande Longitude d'vn lieu, au respect de la plus
petite Longitude d'vn autre, monstre bien qu'il est plus
Oriental. Comme pour exemple Rouen a 21. degré 15.
min. de Longitude, & Anuers a 26. degrez 36. min. Ie di
qu'Anuers est plus Oriental que Rouen, à raison que sa
Longitude est plus grande.

Exemple.

L'an de nostre Seigneur Iesus Christ, mil cinq
cens quatre vingts & cinq, le 29. iour du mois d'Auril à
6. heu. 23. min. apres midi, le Soleil commença à estre ec-
clipté à Rouen selõ les Ephemerides de Leouice, imprimees à Ausbourg. Et ceste ecclipse commença à Anuers
à 6. heures 45. minu. duquel temps comme du plus grand
i'ay substraict, le moindre, & reste six heures 23. min. la
difference temporelle desdites deux citez est de 22. min.
d'heure, qui valent 5. degrez 30. min. Car donnez 15 deg.
pour heure, & cinq degrez pour 20. mi. d'heure, & trente
minutes de degré pour deux minutes d'heure, vous aurez 22. minutes de difference entre Rouen & Anuers.
Somme toute la distance de Longitude entre Anuers &
Rouen, est de cinq degrez 22 minutes. Mais pour autant
que Rouen est distant de 21. degré 15. min. du vray Occident ou des Isles Fortunees, ie trouue que la distance dudit Occident en tirant vers Orient iusques à Anuers, est
de 26. degrez 36. minutes, qui est la Longitude d'Anuers.
Il y a encores d'autres manieres de prendre les Longitudes des lieux, desquelles nous en mettrons encores quelques vnes grandement vtiles, principallement pour les
gens de Marine.

De la Longitude de l'Est & Ouest.

LA terre & la mer qui ensemble font vn corps rond, correspondant à ce grand rond celeste, lequel estant diuisé en 360. degrez par chacun des cercles Equinoctial, Meridien & Horizon, & aussi diuisé en autāt de degrez equipolez en terre par les mariniers, tant Espagnols que François à 17. lieuës ½ pour degré: par ce moyen il contiét en sa circonference 6300. lieuës tant en logitude que latitude: Car multipliez 360. par 17. ½ en vient 6300. C'est vne chose assez cognuë aux nauigans que la latitude, laquelle se mesure par les degrez de la hauteur du Pole descrits en leurs cartes, au vray cercle Meridien, lequel est descrit en icelles par les Isles Canaries, dites fortunées, ou entre icelles & les assores, & par les Isles de cap de verd, autrement nommees Hesperides, duquel Meridien on commence à conter par l'Equinoctial les degrez de la Longitude, lesquels sous iceluy valent autant de lieuës comme les degrez des Meridiens, lesquels par tout le Globe terrestre s'entre-croisans tous aux deux Poles du móde sont egaux: mais il n'est pas ainsi des Paralelles ou lignes pareilles descrites au Globe, se racourcissantes à mesure qu'on approche des Poles du monde: car elles ne valent pas tant de lieuës, mais seulement à l'equipolent de leur longueur, comme nous demonstrerons en vne table cy apres. La Longitude ne leur est pas ainsi cognuë par instrumens: mais seulemét par estimation, en compassant auec leurs compas, & discourant leur carte, & par les runs de vent, par lesquels ils ont nauigué.

Or d'autant que plusieurs ne se contentent pas de ce-

ci difans qu'ils nauigueroyent feurement s'ils fçauoient
prendre ou mefurer la longitude d'Eft & Oueft, comme
ils font la latitude. I'en veux auffi dire mô opiniô apres
les autres, comme cueillant les efpics apres l'opinion de
quelqu'vn, defquels ie mettray auffi par apres, afin d'eſli-
re la meilleure.

Pour dire en brief, il faut auoir vn grand compas
marin ou bouffole, auquel y ait deux rofes de compas,
l'vne defquelles non aymantee fera au fonds d'iceluy,
diuifee en l'vn des cercles en 360. degrez, & au cercle de
dehors en 24. heures. Puis fautqu'il y ait encores vne autre rofe aymantee North & Su, c'eft à dire, que l'aiguille
de fil de fer foitiuftement fous la fleur de lis, & ce compas ainfi dreffé monftrera iuftement en quelque lieu
qu'on foit, tant par mer que par terre la difference des
Meridiens par le Nordefter & Norouefter de l'aiguille
aymantee. Car elle regardera feulemét ou fera fur la fleur
de lis ou North de l'autre rofe, du fonds du compas quád
on fera foubs le vray Meridien fufdit. Et par tous les autres lieux tant deçà que delà le vray Meridien, elle tirera
ou declinera vers l'Eft ou Oueft. Ce fait faudra bien noter la declinaifon ou variation d'icelle, & fur quel run de
vent ou degré elle tombera: car par ce moyen on pourra
cognoiftre en quelle longitude on fera par les moyens
que nous deduirons cy apres. Et fi on veut auoir inftru-
ment mefurant en longitude & latitude, il faut que l'A-
ftrolabe mefurant la latitude foit ainfi fait, affauoir que
la Lidade ou la reigle indicatiue foit feulement demie
& retranchee par aupres du clou qui la fait tenir par le
milieu de l'Aftrolabe, & qu'il n'y ait point en iceluy de
demie croifee au bas, afin que facilement on y puiffe

mettre

mettre ou pendre equilibrement ladite boette ou compas marin. Et pour ce faire, il faut que ledit Astrolabe de
bois ou autre matiere bien iustement graué soit bien
grand, afin que plus facilement il puisse comprendre vn
grand compas, car tant plus sera grand, de tant plus sera
il meilleur.

La mesure en longitude a esté par cy deuant cognuë
en terre, tant par les Cosmographes que Geographes,
principallement par le temps des Ecclipses de Soleil &
de Lune (côme dit est) lesquelles se font à certaines heures en aucuns lieux, & en autres à autres heures, selon la
distance des lieux, côme si elles se font à 4. heures apres
midy à Anuers, qui est plus oriental que Rouen de cinq
degrez & demy, elle se fera à Rouen à 3. heures 38. minutes, qui est plus occidental. Car il est 4. heures à Anuers,
qu'il n'est encores que 3. heures 38. minutes à Rouen. Et
quand l'Ecclipse commence à Rouen à midy, elle commence à 9. heures de matin à la terre neuue, vers la Flori-
de. Car estant midy à Rouen, il n'est encores que 9. heures à ladite terre neuue, comme ceux qui y voyagent ordinairement le tesmoignent, non pas pour auoir esté en
ces deux lieux en mesme instât (chose impossible,) mais
le iugent ainsi par leur compas marin : car en ce lieu là
ils n'ont pas le midy au Su ni vers le Suest, comme ici en
ceste longitude orientale, mais l'ont vers le Surouest.

Pour entendre mieux ceci, il faut noter (comme nous
auons desia dit) que quinze degrez de l'Equinoctial
montent en vne heure par dessus nostre Horizon, & 30.
degrez en deux heures, & 45. degrez en 3. heures, & 90.
degrez en six heures, & les 360. en 24. heures. par ce moyé
sont cogneuës les distances des lieux en longitude. Ces

degrez ſur terre en l'Equinoctial valent 15 lieuës d'Alle-
maigne ou 17 lieuës — d'Eſpagne ou grandes Françoi-
ſes, mais aux autres paralelles qu'on peut mettre de degré en degré, elles ne ſont de telle valeur, comme nous
monſtrent les tables ſur ce faites par doctes Mathema-
ticiens & Aſtrologues, l'vne deſquelles trouuee en
Apian i'ay miſe cy apres.

*Figure de la Roſe du Compas Marin, graduee en 360. degrez
par quatre quartes, contenant 90. degrez diuiſee en
32. runs de vent, chacun valant 11. degrez —.*

S'enfuit la Table de conte, comprenant les degrez de longitude
hors de l'Equinoctial conuertis en lieuës.

degrez de latitude.	Lieuës.	minutes.	degrez de latitude.	Lieuës.	minutes.	degrez de latitude.	Lieuës.	minutes.	degrez de latitude.	Lieuës.	minutes.	degrez de latitude.	Lieuës.	minutes.
1	14	59	19	14	11	37	11	57	55	8	26	73	4	23
2	14	59	20	14	6	38	11	49	56	8	23	74	4	8
3	14	58	21	14	0	39	11	39	57	8	10	75	3	53
4	14	58	22	13	54	40	11	29	58	7	57	76	3	38
5	14	56	23	13	48	41	11	19	59	7	43	77	3	22
6	14	55	24	13	42	42	11	9	60	7	30	78	3	7
7	14	53	25	13	36	43	10	58	61	7	16	79	2	52
8	14	51	26	13	29	44	10	47	62	7	2	80	2	36
9	14	48	27	13	22	45	10	36	63	6	48	81	2	21
10	14	46	28	13	15	46	10	25	64	6	34	82	2	5
11	14	43	29	13	7	47	10	14	65	6	20	83	1	50
12	14	40	30	12	59	48	10	2	66	6	6	84	1	34
13	14	37	31	12	51	49	9	50	67	5	52	85	1	18
14	14	33	32	12	43	50	9	38	68	5	37	86	1	3
15	14	29	33	12	35	51	9	26	69	5	23	87	0	47
16	14	25	34	12	26	52	9	14	70	5	8	88	0	31
17	14	21	35	12	17	53	9	2	71	4	53	89	0	16
18	14	16	36	12	8	54	8	49	72	4	38	90	0	0

Par ceſte table nous pouuons donc entendre combien les degrez valent de lieuës en quelque paralelle ou degré d'eleuation Polaire que ce ſoit. Ceci cogneu il nous faut regarder quelle heure marque ladite aiguille aymantee en la roſe de deſſous, que ſi elle marque vne heure & demie qui ſont deux runs de vent, dont les 32. font le total, il faut conclure que ce ſont 22. degrez & demy de l'Equinoctial, que ſi elle marque 3. heures ce ſont 45 degrez deſia paſſez, qui vaudroient en l'Equinoctial à 15. lieuës pour degré 675. lieuës, & en la hauteur de 49. degrez 442. lieuës ½. Car en icelle le degré ne vaut plus que 9. lieuës 50. mi. d'Allemagne. C'eſt vne choſe toute notoire que le Soleil paſſe de 3. quarts d'heure en 3. quarts d'heure d'vn run en l'autre. En 3. heures il fait 4. runs. Et en ſix heures il fait huit runs, qui eſt la quarte partie de l'Horizon, qui vaut 90. degrez. Voila quelle eſt mon opinion pour aider à ceſte Longitude plus deſiree que aiſee à pratiquer. Enſuit puis apres l'opinion de maiſtre Michel coignet, priſe de ſon liure imprimé à Anuers.

La maniere de nauiguer Eſt & Oueſt, bien clairement
demonſtree par aucunes reigles & exemples.

NOVS auons declaré au 17. chap. le moyen pour facilement ſçauoir combien de lieuës on a nauigué, & ce par la cognoiſſance de deux choſes, aſſauoir par le changement de la hauteur du Pole, & par le rumb du compas marin qu'on a tenu durant le voyage. Or s'il aduient que le Pilote nauigue Eſt ou Oueſt, lors il ne trouue aucun changement de la hauteur du Pole, par ce qu'il nauigue touſiours ſous vne meſme paralelle equidiſtante du Pole.

Dont s'enſuit que le Pilote n'a nul certain moyen pour conter ſon chemin, que par la coniecture, eſtimat combien de lieuës il peut nauiguer pour iour ſelon qu'il a vent & maree propice ou contraire : & ſuyuant cela font-ils cōiecture du chemin de l'entier voyage, neantmoins quelle aſſeurance il a, i'en laiſſe le iugement aux autres. Pierre de Medine Pilote de la maieſté royalle d'Eſpagne ſur les Indes Occidentales declare ſommairement ſur ce ſon opinion, & tout ſon ſçauoir en diſant: Et ſi le lieu où le Pilote ſe trouue eſt egal en hauteur auec le lieu d'où il eſt parti, il n'y a ici reigle qui ſe puiſſe dire iuſtement combien il a nauigué, &c. Apres declare le meſme autheur combien de fautes il y a en ces coniectures, de ſorte que la choſe eſt plus dangereuſe (dit il) qu'on ne penſe. Tous les Pilotes & mariniers eſtiment iuſqu'à ce iour que ceſtuy poinct ſeroit impoſſible. Auſſi pour dire le vray, c'eſt vn des poincts plus difficiles qui peuuent au Pilote ſuruenir, veu que les Aſtronomes meſmes (deſquels ceſte pratique doit proceder) ayent à ce des moyens bien difficiles. Neantmoins puis que noſtre intention a eſté touſiours (en ce preſent traicté de l'Art de Nauiguer) d'aſſiſter par noſtre art de Mathematique les amateurs de ceſte ſcience : il eſt bien raiſon que nous ordonnons de ceſte choſe vne reigle la plus ſeure qu'il ſera poſſible , pour ſçauoir iournellemēt combiē de lieuës aucun a nauigué, ſoit à l'Eſt ou Oueſt. Neantmoins auant que venir à ladite reigle il ſera bon que nous deſcouurons vn peu le fondement de ceſte choſe, afin qu'on puiſſe mieux comprendre le ſecret de la matiere, par lequel l'inſtruction ſera plus aiſee à comprendre.

Pour le premier ie dis que tous Pilotes sçauent facilement la quantité des lieuës qu'ils ont nauigué, quand ils treuuent changemét de la hauteur du Pole, par ce que alors les Poles du monde leur ferót pour fignes fermes, ftables & immobiles : mais il n'eft pas ainfi de ceux qui nauiguent l'Eft ou Oueft : car ils demeurent toufiours, comme deffus eft dit, fous vn cercle paralelle ou equidiftant du Pole : auquel cercle ni peut eftre aucun commencement vifible que par imagination, par le moyen qui s'enfuit. Imaginez que vous eftes fur vn midy en quelque lieu, & le Soleil fera lors en voftre Meridien. Or entédez que celuy qui fera parti de vous, & aura nauigué à l'Eft trouuera au mefme inftant par tous inftrumens que le Soleil fera paffé le Meridien du lieu ou il eft, de forte que le midy luy fera paffé, affauoir autant de temps que monte la diftance qui eft entre vous & luy. Et au contraire fi aucun a nauigué du lieu ou vous eftes à l'Oueft, il trouuera à ladite heure qu'il n'eft encore midy au lieu ou il eft, parce que le Soleil ne fera encores arriué à fon Meridien. Par cefte imagination fe doit comprendre tout c'eft affaire. Entendez donc le Meridien d'où vous eftes party, pour vn poinct fixe, & commencement au cercle paralelle fous lequel vous nauiguez. Or il vous faut iournellement fçauoir foit que nauiguez à l'Eft ou Oueft, quelle heure il eft en vn mefme temps, tant au lieu d'où vous eftes parti, qu'au lieu ou vous eftes arriué : & ayant cefte difference des heures, il vous faut fçauoir combien de lieuës chacune heure donne, felon le paralelle de la hauteur du Pole du lieu ou vous eftes, ainfi pourrez facilemét fçauoir combien de lieuës vous auez nauigué : Ce fondement doncques ainfi mis, nous donnerons la reigle laquelle nous auons pour la commodité ordonnee en ceste sorte.

QVAND vous nauiguerez à l'Est ou Ouest, soyez pour le premier pourueu de deux choses : l'vne qu'ayez vn anneau Astronomique bien iuste, pour à toute heure & en tout lieu pouuoir bien iustemét prendre l'heure: lequel anneau accommoderez à la nauigatió en pendant quelque poinct au Nadir. Car par ce moyen on peut vser de l'anneau sur mer, parce que nauigant à l'Est ou Ouest la hauteur du Pole demeure tousiours inuariable. L'autre est vn horloge à sablon qui soit bien seur, courant iustement l'espace de 24. heures, lequel pouuez facilement obtenir à la fornaise voirriere, y faisant faire vn voirre trois fois aussi haut & ample qu'est celuy d'vn horloge à sable d'vne heure. Mais pour ce que les nauires nauigans en mer tousiours s'enclinent, vous pouuez ordonner ceste horloge par certains anneaux à la maniere du compas marin, ou faites dessus à chaque bout vn pendant auec vn anneau, afin qu'il puisse tousiours au milieu de quelque casse pendre à vn croc en equilibre.

Quand vous auez vn anneau Astronomique qui soit bien iuste, & vn horloge à sablon bien iustifié courant 24 heures pour nauiguer à l'Est ou Ouest, preparez vn iour ou deux deuant partir vostredit horloge, c'est à dire que le tournez au vray midy, quand le Soleil est iustement au Sud, afin que le sablon commence incontinent à couler: mais on prendra bien garde de le tourner

vne fois le iour. Or quand vous auez nauigué aucuns
iours si vous demádez assauoir combien de lieuës vous
auez fait, attendez tant que l'horloge à sablon a iustement parfait son cours, & prenez incontinét par vostre
anneau Astronomique selon la paralelle de vostre nauigation, la iuste heure: laquelle passera le midy, si vostre voyage est à l'Est, mais s'il est à l'Ouest, il ne sera pas
encore midy. Retenez ces heures, assauoir combien se
sont plus ou moins de midy: car icelles vous certifieront
de la quantité de vostre chemin : veu qu'elles vous
monstreront la difference des heures entre le Meridien
du lieu dont vous estes parti, & celuy du lieu d'où vous
estes venu. Or pour sçauoir combien de lieuës le chemin de vostre voyage monte, cerchez à la table suyuante le degré de la hauteur du Pole du paralelle sous lequel
auez nauigué, & vous trouuerez à main droite le nombre des lieuës que chaque heure donne sous chaque paralelle. Multipliez ces lieuës par le nombre des heures
cy dessus trouuee, le produit declarera les lieuës qu'auez
nauigué. Et en cas qu'auec les heures (comme communément aduient) soyent aucunes minutes, multipliez
aussi le nombre susdit des lieuës par les minutes, le pro-
duict diuisez par 60. le quotient seront lieuës, lesquelles
adiousterez aux heures precedentes, & la somme vous
enseignera combien de lieuës vous auez en tout nauigué.

Table

Table des Paralelles, contenant les lieuës que chaque paralelle donne pour vne heure en Longitude.

deg.	Lieuës.	deg.	Lieuës.	deg.	Lieuës.	deg.	Lieuës.
0	$262\frac{1}{2}$	23	$241\frac{1}{2}$	46	$182\frac{1}{2}$	69	$94\frac{1}{3}$
1	$262\frac{5}{2}$	24	$239\frac{3}{4}$	47	179	70	$89\frac{5}{6}$
2	$262\frac{1}{4}$	25	238	48	$175\frac{1}{2}$	71	$85\frac{1}{2}$
3	$262\frac{1}{8}$	26	236	49	172	72	81
4	262	27	234	50	$168\frac{1}{2}$	73	$76\frac{2}{3}$
5	$261\frac{1}{2}$	28	$231\frac{7}{8}$	51	165	74	$72\frac{1}{3}$
6	261	29	$229\frac{1}{2}$	52	$161\frac{1}{4}$	75	68
7	$260\frac{1}{2}$	30	$227\frac{1}{4}$	53	157	76	$63\frac{1}{2}$
8	$259\frac{7}{8}$	31	225	54	$154\frac{1}{4}$	77	59
9	259	32	$222\frac{1}{2}$	55	$150\frac{1}{4}$	78	$54\frac{1}{2}$
10	$258\frac{1}{2}$	33	$220\frac{1}{4}$	56	$146\frac{2}{3}$	79	50
11	$257\frac{1}{2}$	34	$217\frac{1}{2}$	57	143	80	$45\frac{1}{2}$
12	$256\frac{2}{3}$	35	215	58	139	81	41
13	$255\frac{3}{7}$	36	$212\frac{1}{3}$	59	135	82	$36\frac{1}{2}$
14	$254\frac{2}{3}$	37	$209\frac{3}{4}$	60	131	83	32
15	$253\frac{1}{2}$	38	$206\frac{7}{8}$	61	127	84	$27\frac{1}{2}$
16	$252\frac{1}{4}$	39	$203\frac{5}{6}$	62	123	85	$22\frac{3}{4}$
17	$251\frac{1}{8}$	40	201	63	119	86	$18\frac{3}{8}$
18	$249\frac{2}{3}$	41	198	64	115	87	$13\frac{3}{4}$
19	$248\frac{1}{4}$	42	195	65	111	88	$9\frac{1}{4}$
20	$246\frac{3}{4}$	43	192	66	$106\frac{3}{4}$	89	$4\frac{1}{3}$
21	245	44	$188\frac{3}{4}$	67	$102\frac{1}{2}$	90	
22	$243\frac{1}{4}$	45	$185\frac{1}{2}$	68	$98\frac{1}{4}$		

Or pource(comme dit François Philelphe) que toute
instruction qui se fait par exéples, est plus facile à comprendre qu'autremét, nous declarerons ceste reigle pre-
cedéte de nauiguer à l'Est ou Ouest, par deux exemples.

Exemple premiere.

VNE nauire estant au cap de S. Vincent en Es-
paigne, veut nauiguer iustementà l'Ouest:par-
quoy le Pilote ordonne l'horloge à sablon, de
sorte qu'il commence son cours au vray midy. Puis nauigue huit ou neuf iours iusques à tant qu'il est arriué à
vne des Isles des assoires nommee S.Maria,maintenant
il veut sçauoir combien de lieuës il a nauigué. Parquoy
il attend que l'horloge (qu'il a chaque iour tourné) a
parfait iustement son cours: car par ce cognoist il qu'il
est iustement au cap de S. Vincent.Mais en ceste isle de
Saint Maria, il trouue par l'anneau Astronomique pre-
cisement 11.heures 10.minutes:qui est 50.minutes moins
que midy ou 12.heures,& monstrent la difference entre
ces deux Meridiens,ou difference de longitude. Il entre
en la table precedente par le nombre de la hauteur du
Pole, assauoir 37. degrez (parce que ces deux lieux sont
sous icelle paralelle)& trouue à main droite 209$\frac{1}{4}$ lieuës
pour chacune heure de ce paralelle. Parquoy il multi-
plie 209$\frac{1}{4}$ par les 50. minutes susdictes, & le produit est
10487$\frac{1}{2}$ lequel diuisé par 60.le quotient est 174$\frac{19}{24}$ lieuës
qui sont l'entier chemin de sa nauigation.

Second exemple.

VNE nauire nauigue de terra noua precifément à l'Eft, fous la vraye paralelle de 50. degrez, ayát premierement ordonné fon horloge à fablon, de forte qu'il comméçoit à couler au vray midy: lequel il tourne felon cefte inftruction vne fois le iour, iufques au 15. iour de fa nauigation. Maintenant on veut fçauoir combien de lieuës il a nauigué, pour voir en fa carte Marine en quel lieu il eft arriué. Parquoy il attend tant que l'horloge au fablon aye fait precifément fon cours, & prend incontinét par l'anneau Aftronomique l'heure, laquelle eft (parce qu'il a nauigué à l'Eft) 2. heures 12. minutes apres midy. Entrant en la table precedente, il treuue au paralelle de 50. degrez 168 $\frac{1}{2}$ lieuës pour heure: de forte que les 2. heures donnent 337. lieuës, & les 12. minutes donnent quafi 33 $\frac{1}{4}$ lieuës : lefquels adiouftez auec les 337. lieuës predictes donnét en tout 370 $\frac{1}{4}$ lieuës qu'il a nauigué. I'efpere par ces deux exemples auoir affez declaré le nauiguer à l'Eft & Oueft. Car fi quelqu'vn vfe iournellement ces reigles, il pratiquera facilement par fon induftrie plus auant, non feulement pour faire vne fois le iour le conte de fon voyage: mais voire à toute heure qu'il luy plaira: veu que (comme on dit) l'experience eft la maiftreffe des fciences. Voila quelle eft l'opinion dudit autheur.

Du compas ou de l'aiguille Marine.

LE Compas ou l'aiguille eft la partie principalle de la Nauire pour bié nauiguer, & n'y a pour le iour-

d'huy perſonne qui ſçache la cauſe pourquoy le fer
eſtant frotté à la pierre d'Aymant regarde touſiours le
Nord. Vray eſt que tous l'attribuent à vne proprieté oc-
culte, les vns au Nord, & les autres de la meſlange du fer,
& de la pierre enſemble. Si cela venoit de la proprieté du
Nord l'aiguille ne ſe chágeroit, ainſi que diſent les Mariniers, qu'elle fait nauigant à Nordeſt, & nauigant hors
de l'Iſle Tercera, qui eſt vne des Aſſores, & à deux cens
lieuës d'Eſpagne. Vers Ponét l'Eſt & Oueſt, ni perdroit
ſon office, cóme dit Olaus Magnus, en paſſant delà l'iſle
Magnete, qui eſt au deſſous du Nord, ou aumoins bien
pres. Mais en quelque maniere que ce ſoit, l'aiguille regarde touſiours au North, combien que la nauigation
ſe face du coſté du Sud ou midy.

*Enſuit la figure de la roſe du Compas Marin, diuiſee
en trente deux runs.*

Des Marees.

DE V A N T qu'vn Pilote s'auance d'entrer en aucun port, riuiere, ou eſtape, pour deſcendre en terre, il luy eſt neceſſaire de bien ſçauoir, auec pluſieurs autres choſes côter les marees de haute & baſſe mer, leſquelles ſont ſubiectes, comme tous gés doctes & la continuelle experience nous demonſtrét au mouuement de la Lune. Car nous trouuons par experience que la Lune cauſe ordinairement touſiours en vn certain run pleine mer: Comme par exemple à S. Malo, & coſté de Bretaigne iuſques à l'Iſle de bas eſt touſiours pleine mer quant la Lune eſt Eſt ou Oueſt : & au contraire baſſe mer quand elle eſt au Su ou North. Or quád la Lune eſt nouuelle elle eſt pres du Soleil, & ſe leue ou ſe couche quaſi auec le Soleil. Semblablement quand elle eſt pleine, elle eſt iuſtement à l'oppoſite du Soleil: parquoy le North ou Sud donne touſiours quand la Lune eſt nouuelle ou pleine 12. heures, & Eſt ou Oueſt 6. heures, reſerué quant la Lune eſt aux Signes ſuperieurs du Zodiaque, aſſauoir en Gemini, Cancer, & Leo : car lors elle viendra au matin quaſi deux heures plus tard à l'Eſt, & au ſoir d'autant pluſtoſt à l'Oueſt. Ce qu'vn Pilote doit bien conſiderer, car pluſieurs en ont eſté trompez. Vous pouuez donc par les rumbs conter l'heure de pleine mer quád la Lune eſt nouuelle ou pleine. Car les 32. rumbs donnent 24. heu. qui ſont 3. quarts d'vne heure pour chaçun rumb. Parquoy ſi North & Su donnent 12. heures, le premier rumb donne $\frac{3}{4}$ d'heure, le ſecond vne heure $\frac{1}{2}$, le tiers 2. heures $\frac{1}{4}$ & ainſi des autres, de ſorte qu'Eſt & Oueſt donnent 6. heures, ainſi que

l'experience le demonstre quand la Lune est nouuelle
ou pleine: mais elle retarde chacun iour par l'aage de la
Lune. Or puis que le fondement de ce conte prouient
de la cognoissance des rumbs de la Lune, ausquels icelle
en chacun lieu fait haute maree, nous auons pour memoire adiousté ici aucüns, ainsi que par experience ont
esté trouuez des Pilotes experimentez.

Nort & Su 12. heures.

A la coste de Flandres, à Enchuse à terre, à l'Ecluse à
terre, à Doures, deuant l'Elue, deuant la grand Condade
à Hampton, deuant Emde, & Horne, &c.

Nort quart au Nordest & Su quart au Surouest ¾.

Deuant Port oreal, Beueziere en mer, a Camfer, à Han-
ton à la riue, au ras de Fontenay, &c.

North nordest, & Su surouest 1. heure ½.

Deuant Flissinges & Armude, & toute la coste de Zelande: la place de S. Matthieu, à Calis Malis, au dessous
terre Sainte, à l'enttee de la Tamise deuant Londres, deuant la Meuse, &c.

Nordest quart au north & Surouest, quart au Su 2. heu. ¼.

Deuant S. Lucas & Lisbóne, aussi deuát Bordeaux, &c.

Nordest & Surouest. 3.

Les costes d'Espagne, Gascongne, & Bretagne, la plage orientale de VVicht, estapes de Amsterdam, &c.

Nordest quart à Est, & Surouest quart à l'Ouest 3. ¾.

Aupres la plage S. Mathieu en la riuiere de Bordeaux,
à Blancqueberge, & par dehors les bacs de Flandres, &c.

Est nordest & Ouest Surouest 4. ½ heures.

Dedans Zelande au Canal de Tessel iusques aux estapes au canal: la coste occidentale d'Irlande, dedans Falmue, au port de S. Paul, &c.

Eſt quart au Nordeſt, & Oueſt quart au Suroueſt 5.heu. $\frac{1}{4}$.

A Plemue, au port de Dortmue, dés les Surlingues iuſques à Mulverde: à Bruſten, &c.

Eſt & Oueſt 6. heures.

A Anuers & Hambourg, aux Surlingues, dedans S. Paul, deux lieuës hors de Heyſſant à Marſdiep, &c.

Eſt quart au Sueſt, & Ouſt norouest 7. heu. $\frac{1}{2}$.

Hors de Dartemuë, Plemuë, en Porlant ſur la Rede, entre Munhol & Falmue en mer, &c.

Sueſt quart à l'Eſt & Norouest quart à l'Oueſt 8. h. $\frac{1}{2}$.

Hors Caſquet & Oüeſſant, de Vvict à Beueziere pres de terre, pres l'Oüeſt à Porlant, &c.

Sueſt & Norouest 9. heures.

La plage Occidentale de Vvicht, au ras de Portlande, à la bouche du Flie, S. Helaine, au plain de Holande, &c.

Sueſt quart au Su, & Nordeſt quart au North 9. heu. $\frac{3}{4}$.

A l'aiguille de Vvich, à Caſquet en mer, au droit canal de Oueſſant du long de toute la Frize, deuant la Flie à Gouvve à Ramſdiepe, &c.

Su Sueſt & Nortnorouest 10. heu. $\frac{1}{2}$.

Deuant & à l'Eſt de Vvicht, au milieu du Canal à Dieppe, à Boloigne, à Leiſtaf ſur la Rede, &c.

Sud quart au Sueſt & Nort quart au Norouest, 11. heu. $\frac{1}{4}$.

A Ryge en Angleterre, à la riue, à Kalekers oort iuſques à Hamton & Portmuë pres de Beueziere, &c.

Quand vous ſçauez en quel rumb la Lune donne pleine mer en aucun lieu, vous ſçaurez incontinent (cõme deſſus eſt enſeigné) l'heure quãd ce ſera, la Lune eſtát nouuelle ou pleine, leſquelles heures auons ci deſſus miſes aupres de chacun rumb : mais ſi voulez chaque iour ſçauoir l'heure qu'il ſera pleine mer, pour le premier de-

uez entendre, que la Lune retarde en 30.iours 24.heures,
qui monte pour iour quatre quintes d'heures, dont les
cinq quintes font vne heure, & autant elle se separe du
Soleil par chacun iour. Parquoy deuez sçauoir le quantiéme iour vous auez de la nouuelle Lune precedente,
lequel nous appelons communément l'aage de la Lu-
ne, & prenez pour chacun iour comme dessus est dit $\frac{4}{5}$
d'vne heure, ce qui en prouient adioustez aux heures
qu'il estoit pleine mer, estant la Lune nouuelle ou pleine, & aurez chaque iour l'heure de pleine mer.

Les hauteurs des terres depuis la ligne Equinoctiale, iusques
à 56. degrez d'Eleuation du Pole Arctique.

Les Isles S. Thome sont droit souz la ligne, & ne demeurent gueres que par vn degré.

Riuiere de Principe	2.deg.	Cap de Ru	12 deg.
Riuiere de Tampe	3 deg.	Cap de verd	14.deg.$\frac{1}{2}$
Riuiere de Palme	7.deg.	Cap de Blanc	$17\frac{1}{2}$.
Riuiere de Seraliena	8.deg.	Cap de Barbes	22.deg.
Riuiere de Cachecasse	9. degrez.	Riuiere de Lore	23.deg.
Riuiere de Pichel	10.deg.	La grand Canarie, Tanariphe, l'Isle de Fer, la Gomeire & forte auenture ne sont gueres qu'à vne hauteur qui est	28.deg.
Riuiere d'Estras	13.deg.		
Riuiere de Xambit	14.deg.		
Riuiere de Canaga	16.deg.		
Riuiere de S.Ian	20.deg.		
Cap de Palme	4.degrez.	L'isle de Palluë & Lancelotte	29 deg.
Cap de Bance, & Castille de Mirigue	5.deg.	Cap de Cantin & l'Isle de Madere	32.degrez.
Cap de Mont	6.deg.	La Rache	35.deg.

Cap de

Cap de Trafalgar, 36.deg.
L'isle de Calis 36.deg $\frac{1}{2}$
Cap de S. Vincent & l'Isle de S. Marie des Assores 37.deg.
L'Isle de S. Michel 38.deg.
Lisbonne & l'Isle de Coruo 39.deg.
La Berlingue & la Tierciere 40.deg.
Port en Portugal 41.degré.
Isles de Bayóne 42.deg $\frac{1}{2}$
Cap de fin de terre 43.deg.
Cap d'Ortigneres 43.$\frac{1}{2}$
La riuiere de Bordeaux 46.deg.
Besle Isle 48.deg.

L'isle d'Ouessant & le fort de Plemar 49 deg. $\frac{1}{2}$
Le parmi de la manche 50.deg.
Surlingues 50 deg.
L'Isle de Ré 46.deg. $\frac{2}{3}$
Ricordane 45.deg.
Seconde Basque
Le parmi de la manche S. George 52.deg.
Calday 52.deg. $\frac{1}{2}$
Cap de ras 46.deg. $\frac{2}{3}$
Cap despere 47.deg. $\frac{2}{3}$
Bacalhan 49.deg.
L'Isle de Fougues 51.de. $\frac{1}{2}$
L'isle de Fortune 56.de. $\frac{1}{2}$

FIN.

Y

TABLE DES CHOSES
traictees en ce volume.

TABLE.

FIN.

CALENDIER DEMONSTRANT LE LEVER ET COVCHER MATVTIN ET VESPERTIN DES PRINCIPALLES ESTOILLES FIXES

auec le Soleil & autres Planettes, selon l'ordre de toute l'annee, auec leur nature : par lequel auec les choses dessusdites on pourra cognoistre les causes particulieres de la temperature du temps, par les saisons, reformé selon le retranchement des dix iours.

Iours du mois.	Les noms des estoilles Fixes.	La nature.	Or. & oc. ma. & ves.
	Ianuier 31 iour.		
7	Orion espaulle dextre.	♂ ☿	or. ve.
8	La ceinture d'Orion.	♂ ☿	or. ve
13	Le fenestre pied d'Orion.	♂ ☿	or. ve.
19	L'ainon boreal.	♂ ☉	or. ve.
9	La couronne.	♀ ☿	or. ve
23	Fomahant.	♀ ☿	or. ve
26	La canicule.	♂	or. ve
28	La teste luysante ♄		or. ma
29	L'ainon boreal.	♂ ☉	or. ma.
	Feurier 28 iours.		
2	Le grand chien.	♃ ♂	or. ve
7	L'aigle volant.	♂ ♃	oc. ve
8	Le Roytelet.	♂ ♃	or. ve.
13	Le Roytelet.	♂ ♃	oc. ma
10	Le Dauphin.	♄ ♂	oc. ve.
14	La lumineuse de l'hydra.	♂ ♀	or. ve.
1	La queue du Lyon.	♄ ♀	
	Mars 31 iour.		
16	La vendengerelle.	♄ ♀	or. ve
18	La corne du belier.	♂ ♄	or. ma
20	L'arcture.	♂ ♃	or. ve
3	La lumineuse couronne.	♀ ☿	or. ve
16	L'espy de la vierge.	♀ ♂	or. ve.
	Auril 30 iours.		
4	La cuisse de Pegase.	♃ ♂	oc. ve
12	La queue du Lyon.	♄ ♀	oc. ma
13	La corne du belier.	♂ ♄	oc. ve
17	La plus petite des Pleiades.	☽	or. ma
28	La balance australe.	♄ p ♂	
	May 31 iour.		
2	La balance australe.		
3	Le fenestre d'Orion.	♂ ☿	oc. ve.
3	Le cœur du Scorpion.	♂ ♃	oc. ma
14	Le grand chien.	♃ ♂	oc. ve.
16	La 1 de la ceinture d'Orion.	♂ ☿	oc. ve.
19	L'œil du Toreau.	♂	oc. ve.
0	La petite des Pleiades.	♂ ☽	or. ve.

Iours du mois.	Les noms des estoiles Fixes leuantes & couchantes.	La nature.	le cou. nat. & vesp.
25	L'espaule dextre d'Orion.	♂ ☿	oc. ve
30	Fomahant.	♀ ☿	or. ma
	Iuin 30 iours.		
5	L'aigle volant.	♂ ♃	or. ve.
7	L'œil du Toreau.	♂	or. ma
10	L'espy de la Vierge.	♀ ♂	or. ve.
10	Le cœur du Scorpion.	♂ ♃	
10	Le Dauphin.	♄ ♂	or. ve.
15	La Canicule.	♂	or. ma
16	L'arcture.	♂ ♄	oc. ma
30	La lumineuse de l'hydre.	♄ ♀	oc. ve
0	La luysante de ♄		or. ma
	Iuillet 31 iour.		
3	L'espaule dextre d'Orion.	♂ ☿	or. ma
9	La 1 de la ceinture d'Orion.	♂ ☿	or. ma
15	La fenestre d'Orion.	♂ ☿	or. ma
11	L'ainon Boreal.	♂ ☉	or. ma
12	La lumineuse couronne.	♀ ☿	oc. ma
18	Fomahant.	♀ ☿	oc. ve
29	Canicule.	♂	or. ma
29	La luysante de ♄	♂	oc. ve.
	Aoult 31 iour.		
16	Le Roytelet.	♂ ♃	or. ma
17	Le Roytelet.	♂ ♃	oc. ve.
21	Le Dauphin.	♄ ♂	oc. ma.
28	La lumineuse de hydra.	♄ ♀	or. ma
	Septembre 30 iours.		
1	La queue du Lyon.	♄ ♀	or. ma
12	La balance australe.	♄ p ♀	or. ma
18	La vendengeresse.	♄ ♀	oc. ma
11	L'arcture.	♂ ♃	or. ma
26	La lumineuse couronne.	♀ ☿	or. ma
30	L'espy de la Vierge.	♀ ♂	or. ma
	Octobre 31 iour.		
6	La cuisse de Pegase.	♃ ♂	oc. ve
8	La corne du Belier.	♂ ♄	oc. ma
12	L'espy de la Vierge.	♀ ♂	or. ve.
15	La queue du Lyon.	♄ ♂	oc. ve.

Iours du mois.	Noms des estoilles fixes orientes, &c.	La Nature.	Leur & couche
16	La corne du Belier.	♂ ♄	oc.
29	La plus petite des Pleiades.	♂ ☽	or.
31	La balance Australe.	♄ p ♂	or.
	Nouembre 30. iours.		
4	La balance Australe.	♄ p ♂	oc.
5	Le fene. pied d'Orion.	♂ ☿	oc.
14	Le cœur du Scorpion.	♂ ♄	oc.
16	La vendengerelle.	♄ ♀	oc.
17	La 1 de la ceinture d'Orion.	♂ ☿	oc.
20	L'œil du Toreau.	♂	oc
21	La plus petite des pleiades	♂ ☽	oc
22	Le grand Chien	♄ ♂	oc
26	L'esp. dex. d'Orion.	♂ ☿	oc
30	Le cœur du Scorpion.	♂ ♄	oc
	Decembre 31 iour.		
1	Fomahant.	♀ ♃	
4	L'aigle.	♂ ♄	
7	L'œil du Toreau.	♂	
10	Le Dauphin.	♄ ♂	
16	La Canicule.	♂	
21	La cuisse du Pegase.	♃ ♂	
22	La cuisse du Pegase.	♃ ♂	
25	L'arcture.	♂ ♃	
24	La lumi. de l'hydre.	♄ ♀	
30	La luysante de ♄ .	♂	

Carracteres des signes.

Aries. ♈	Taurus. ♉	Gemini. ♊	Cance[r]
Leo. ♌	Virgo. ♍	Libra. ♎	Scorp[io]
Sagitarius. ♐	Capric. ♑	Aquarius. ♒	Pisces

Planettes.

Saturne. ♄	Iupiter. ♃	Mars. ♂	Sol ☉
Venus. ♀	Mercure. ☿	Luna. ☽	

Abbreuiations.

or. | Leuer. | oc. | Coucher. | m. Matin. | v. Ve[spre]